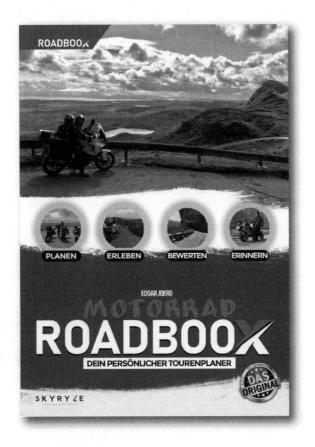

IMPRESSUM

© 2020 Edgar Joerg
Herausgeber:
Edgar Joerg, 71032-Böblingen
Autor: Edgar Joerg

Umschlaggestaltung, Illustration:
SKYRYZE Böblingen
Fotos:
Edgar & Manuela Joerg, Hans Riehm, Marco Joerg, Robert Imbrich, Stefan Heinzl
Grafiken:
Edgar Joerg, Adobe Stock, Freepik
ROI_BRAND_THINK_COM_ Medienagentur Böblingen

Verlag:

SKYRYZE
EMOTIONAL STORIES

Boslerstraße 2
71032 Böblingen

Druck:

 tredition®

tredition GmbH,
Halenreie 40-44,
22359 Hamburg

978-3-347-16639-4 (Paperback)
978-3-347-18793-1 (Hardcover)

FAHR DOCH WOHIN DU WILLST!

Gestalte deine Motorradtour, wie du es möchtest. Das **ROADBOOX** hilft dir dabei. Du wirst die Welt neu entdecken und einen treuen Begleiter bei dir haben.

Sammle deine Eindrücke und sorge selbst dafür, dass deine Reisen zu unvergesslichen Abenteuern werden.

Ich wünsche dir und allen, die dich begleiten, traumhafte Motorradtouren. Und immer besten Grip unter deinen Reifen.

Edgar Joerg, Autor **ROADBOOX**

PLANEN

Eine Urlaubstour fängt zuhause an. Nehme dir Zeit und suche dir deine Route aus. Buche deine Unterkunft und lege deine Tour fest.

Übertrage deine Daten ins ROADBOOX. Der Tageszeitplan verschafft dir den Überblick. Tag für Tag. Suche dir deine persönlichen Favoriten und definiere sie als deine Tagesziele.

Übertrage alle deine Buchungsdaten für die Wochentouren ins ROADBOOX. So hast du alle wichtigen Daten im Griff - auch wenn mal kein Handy-Empfang möglich ist.

ERLEBEN

Orientiere dich an deinem ROADBOOX. Es ist jetzt dein persönlicher Reiseführer. Genieße deine Tour und kontrolliere deine Ausgaben.

Am Ende des Urlaubs hast du einen Überblick wieviel dich alles gekostet hat, wieviel Kilometer du zurückgelegt hast und was du alles erlebt hast.

BEWERTEN

Bewerte deine Erlebnisse und Übernachtungen. Du allein entscheidest, was für dich wichtig war und wie dir alles gefallen hat.

Gebirgsstraßen und Pässe sind die Höhepunkte einer Motorradtour. Bestimmt hast du auch deinen Lieblingspass. Vielleicht findest du noch weitere. Hier hast du die Möglichkeit dazu: bewerte die überquerten Passstraßen nach deinem Geschmack.

Dein ROADBOOX ist dein treuer Begleiter und gleichzeitig auch dein Tour-Tagebuch. Halte deine schönsten Momente für immer fest.

ERINNERN

Nach deiner Reise wird dich dein ROADBOOX mit Erinnerungen versorgen - wann immer du darin blätterst. Es wird dir helfen, deine Erfahrungen in kommende Touren einfließen zu lassen.

Erinnere dich an Freunde, die du unterwegs kennengelernt hast, oder andere ganz persönliche Ereignisse.

Beginne deine ROADBOOX-Sammlung mit deinen schönsten Touren und mache dich selbst zum Tour-Experten.

Inhalt

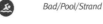

🏠 **Unterkunft** (Hotel, Pension, Campingplatz, etc)

■ ÜF	Übernachtung/Frühstück
■ HP	Halbpension
■ VP	Vollpension
■ EZ	Einzelzimmer
■ DZ	Doppelzimmer
■ FeWo	Ferienwohnung

📶 WLAN/Internet

🛁 Bad/Pool/Strand

🍴 Restaurant

[Name der Tour

]

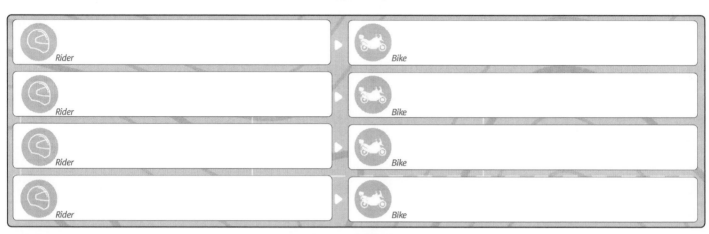

Rider ▶ Bike

Rider ▶ Bike

Rider ▶ Bike

Rider ▶ Bike

Highlights

01

02

03

04

05

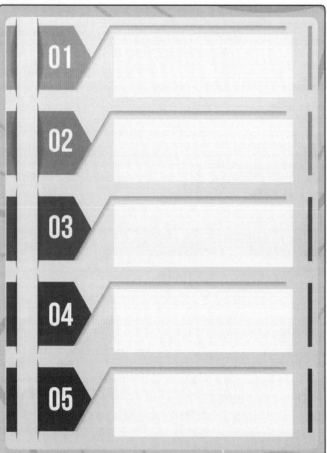

Tanken

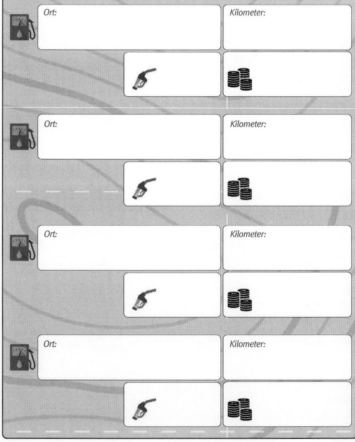

Ort: | Kilometer:

Ort: | Kilometer:

Ort: | Kilometer:

Ort: | Kilometer:

Sonstige Ausgaben

Pässe/Cols

Datum

Start ⌂

Ziel 🏁

Distanz / Kilometer | **Gesamtzeit** | **Höhenmeter**

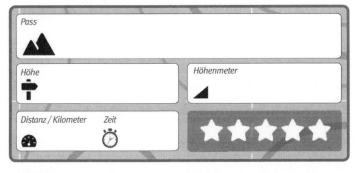

Pass

Höhe | **Höhenmeter**

Distanz / Kilometer | **Zeit** | ★★★★★

Pass

Höhe | **Höhenmeter**

Distanz / Kilometer | **Zeit** | ★★★★★

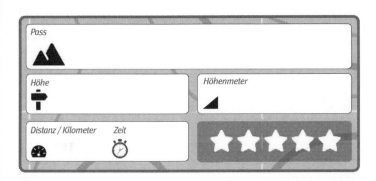

Pass

Höhe | **Höhenmeter**

Distanz / Kilometer | **Zeit** | ★★★★★

Pass

Höhe | **Höhenmeter**

Distanz / Kilometer | **Zeit** | ★★★★★

06:00..

07:00..

08:00..

09:00..

10:00..

11:00..

12:00..

13:00..

14:00..

15:00..

16:00..

17:00..

18:00..

19:00..

20:00..

21:00..

22:00..

23:00..

00:00..

Kette geschmiert

Tageswertung　　1.0　2.0　3.0　4.0　5.0　★★★★★

Wetter　　　　　　　　　　　　　　　　　Temperatur

Name der Tour

Rider 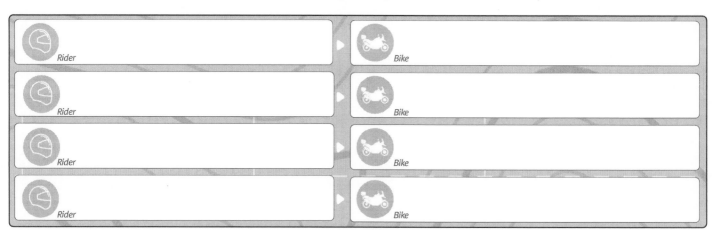 Bike

Rider ▶ Bike

Rider ▶ Bike

Rider ▶ Bike

Highlights

| 01 |
| 02 |
| 03 |
| 04 |
| 05 |

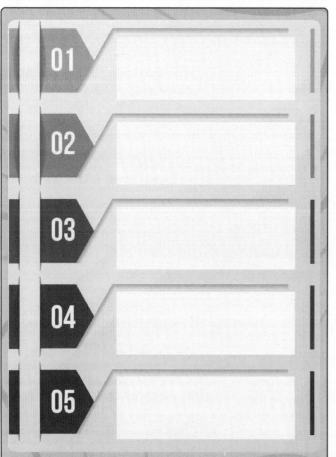

Tanken

Ort: Kilometer:

Ort: Kilometer:

Ort: Kilometer:

Ort: Kilometer:

Sonstige Ausgaben

Pässe/Cols

Pass

Höhe	Höhenmeter
Distanz / Kilometer	Zeit	★ ★ ★ ★ ★

Pass

Höhe	Höhenmeter
Distanz / Kilometer	Zeit	★ ★ ★ ★ ★

Pass

Höhe	Höhenmeter
Distanz / Kilometer	Zeit	★ ★ ★ ★ ★

Pass

Höhe	Höhenmeter
Distanz / Kilometer	Zeit	★ ★ ★ ★ ★

Datum

Start

Ziel

Distanz / Kilometer	Gesamtzeit	Höhenmeter

06:00..

07:00..

08:00..

09:00..

10:00..

11:00..

12:00..

13:00..

14:00..

15:00..

16:00..

17:00..

18:00..

19:00..

20:00..

21:00..

22:00..

23:00..

00:00..

Kette
geschmiert

Tageswertung

1.0　2.0　3.0　4.0　5.0

★ ★ ★ ★ ★

Wetter　　　　　　　　　　Temperatur

Name der Tour

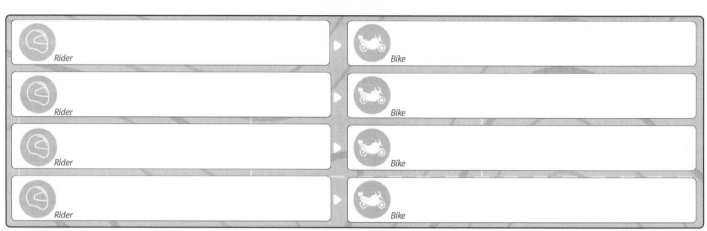

Rider — Bike
Rider — Bike
Rider — Bike
Rider — Bike

Highlights

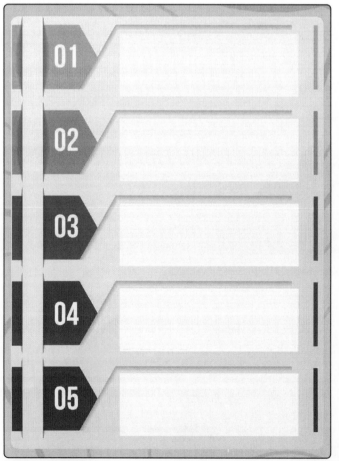

- 01
- 02
- 03
- 04
- 05

Tanken

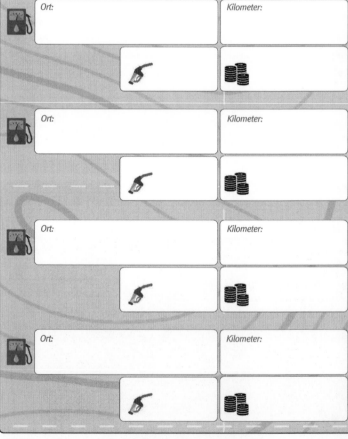

Ort: | Kilometer:
Ort: | Kilometer:
Ort: | Kilometer:
Ort: | Kilometer:

Sonstige Ausgaben

Pässe/Cols

Datum

Start 🏠

Ziel 🏁

Distanz / Kilometer 🏁

Gesamtzeit ⏱

Höhenmeter ◣

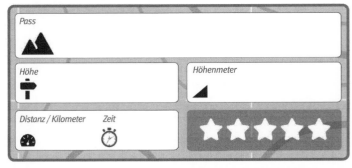

Pass ⛰

Höhe 🚏

Höhenmeter ◣

Distanz / Kilometer 🏁

Zeit ⏱

★★★★★

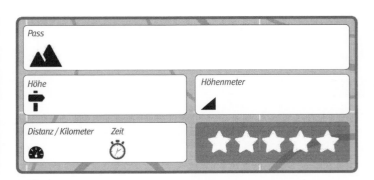

Pass ⛰

Höhe 🚏

Höhenmeter ◣

Distanz / Kilometer 🏁

Zeit ⏱

★★★★★

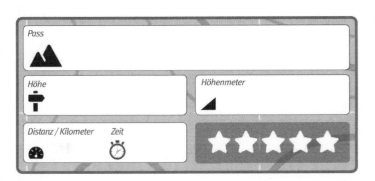

Pass ⛰

Höhe 🚏

Höhenmeter ◣

Distanz / Kilometer 🏁

Zeit ⏱

★★★★★

Pass ⛰

Höhe 🚏

Höhenmeter ◣

Distanz / Kilometer 🏁

Zeit ⏱

★★★★★

✎

06:00...

07:00...

08:00...

09:00...

10:00...

11:00...

12:00...

13:00...

14:00...

15:00...

16:00...

17:00...

18:00...

19:00...

20:00...

21:00...

22:00...

23:00...

00:00...

Kette geschmiert 🔗

....

Tageswertung

1.0   2.0   3.0   4.0   5.0

★★★★★

Wetter

Temperatur 🌡

Name der Tour

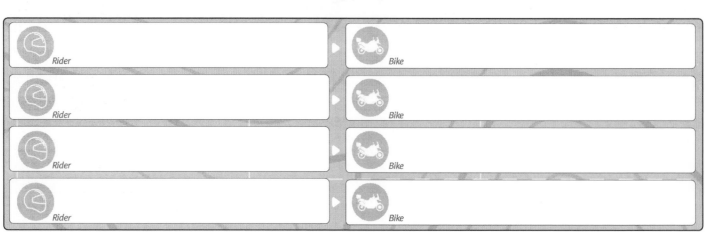

Rider | Bike
Rider | Bike
Rider | Bike
Rider | Bike

Highlights

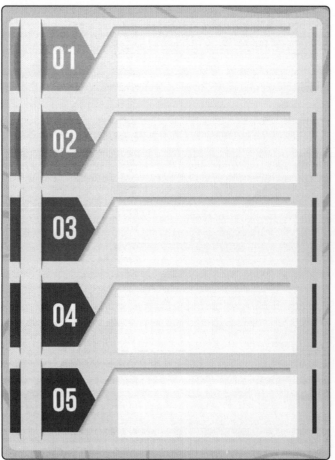

01
02
03
04
05

Tanken

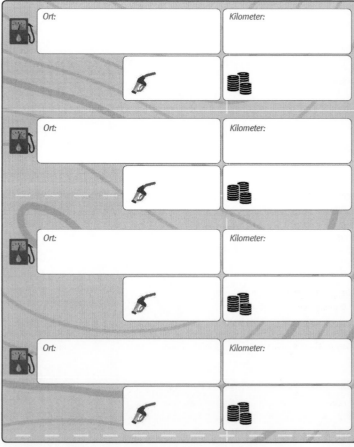

Ort: | Kilometer:

Ort: | Kilometer:

Ort: | Kilometer:

Ort: | Kilometer:

Sonstige Ausgaben

Pässe/Cols

Datum

Start

Ziel

Distanz / Kilometer	Gesamtzeit	Höhenmeter

Pass

Höhe	Höhenmeter

Distanz / Kilometer	Zeit	

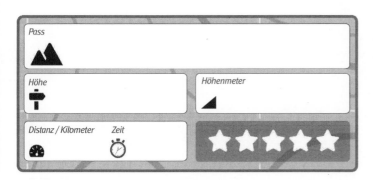

Pass

Höhe	Höhenmeter

Distanz / Kilometer	Zeit	

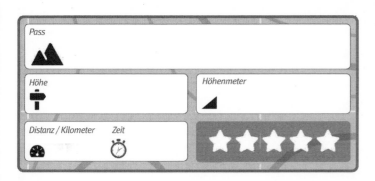

Pass

Höhe	Höhenmeter

Distanz / Kilometer	Zeit	

Pass

Höhe	Höhenmeter

Distanz / Kilometer	Zeit	

06:00..

07:00..

08:00..

09:00..

10:00..

11:00..

12:00..

13:00..

14:00..

15:00..

16:00..

17:00..

18:00..

19:00..

20:00..

21:00..

22:00..

23:00..

00:00..

Kette
geschmiert

Tageswertung

1.0   2.0   3.0   4.0   5.0

Wetter
Temperatur

Name der Tour

Rider ▶ 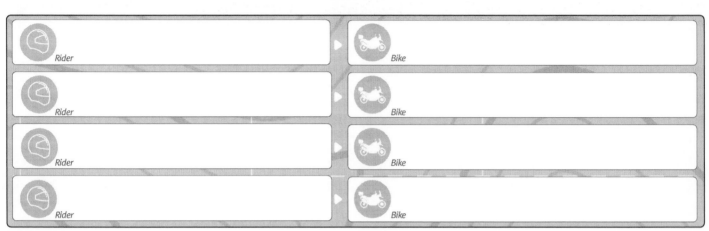 Bike

Rider ▶ Bike

Rider ▶ Bike

Rider ▶ Bike

Highlights

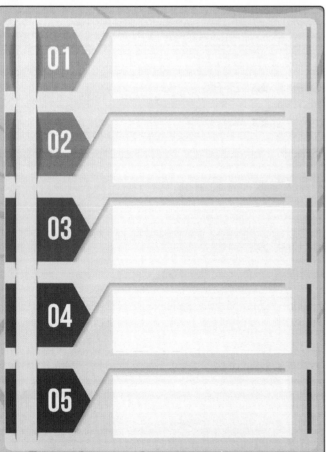

01

02

03

04

05

Tanken

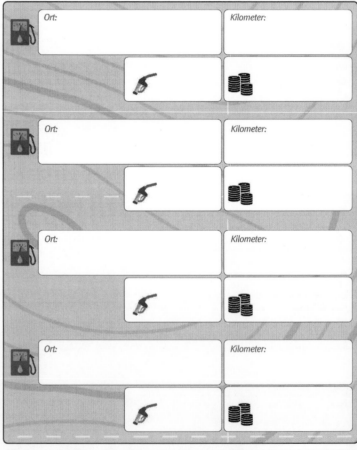

Ort: Kilometer:

Ort: Kilometer:

Ort: Kilometer:

Ort: Kilometer:

Sonstige Ausgaben

Pässe/Cols

Datum

Start

Ziel

Distanz / Kilometer	Gesamtzeit	Höhenmeter

Pass

Höhe	Höhenmeter

Distanz / Kilometer	Zeit	★★★★★

Pass

Höhe	Höhenmeter

Distanz / Kilometer	Zeit	★★★★★

Pass

Höhe	Höhenmeter

Distanz / Kilometer	Zeit	★★★★★

Pass

Höhe	Höhenmeter

Distanz / Kilometer	Zeit	★★★★★

06:00..

07:00..

08:00..

09:00..

10:00..

11:00..

12:00..

13:00..

14:00..

15:00..

16:00..

17:00..

18:00..

19:00..

20:00..

21:00..

22:00..

23:00..

00:00..

Kette
geschmiert

Tageswertung

1.0　2.0　3.0　4.0　5.0

★★★★★

Wetter

Temperatur

Name der Tour

Rider ▶ Bike

Rider ▶ Bike

Rider ▶ Bike

Rider ▶ Bike

Highlights

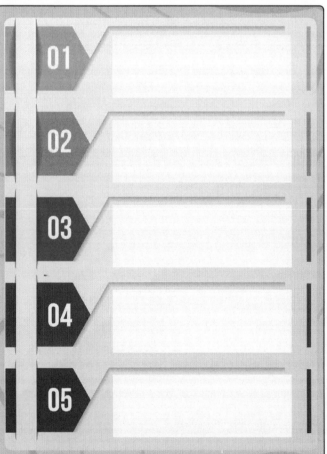

01

02

03

04

05

Tanken

Ort: Kilometer:

Ort: Kilometer:

Ort: Kilometer:

Ort: Kilometer:

Sonstige Ausgaben

Pässe/Cols

Datum

Start

Ziel

Distanz / Kilometer

Gesamtzeit

Höhenmeter

Pass

Höhe

Höhenmeter

Distanz / Kilometer

Zeit

Pass

Höhe

Höhenmeter

Distanz / Kilometer

Zeit

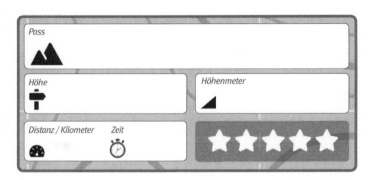

Pass

Höhe

Höhenmeter

Distanz / Kilometer

Zeit

Pass

Höhe

Höhenmeter

Distanz / Kilometer

Zeit

06:00...

07:00...

08:00...

09:00...

10:00...

11:00...

12:00...

13:00...

14:00...

15:00...

16:00...

17:00...

18:00...

19:00...

20:00...

21:00...

22:00...

23:00...

00:00...

Kette geschmiert

Tageswertung

1.0 2.0 3.0 4.0 5.0

Wetter

Temperatur

Name der Tour

Rider

Bike

Rider

Bike

Rider

Bike

Rider

Bike

Highlights

Tanken

Ort: Kilometer:

Ort: Kilometer:

Ort: Kilometer:

Ort: Kilometer:

01

02

03

04

05

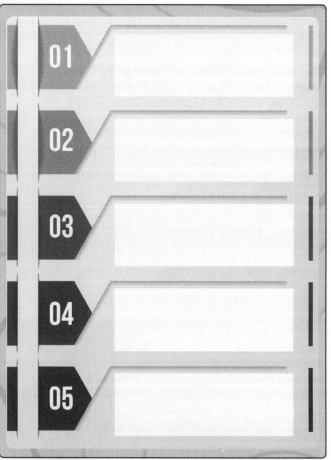

Sonstige Ausgaben

Pässe/Cols

Datum

Start

Ziel

Distanz / Kilometer

Gesamtzeit

Höhenmeter

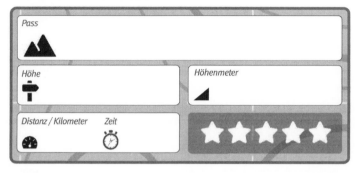

Pass

Höhe

Höhenmeter

Distanz / Kilometer   **Zeit**

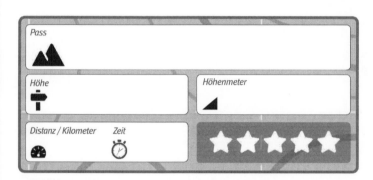

Pass

Höhe

Höhenmeter

Distanz / Kilometer   **Zeit**

Pass

Höhe

Höhenmeter

Distanz / Kilometer   **Zeit**

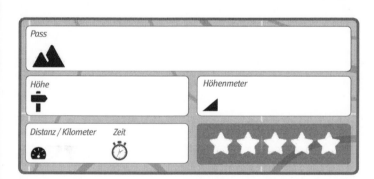

Pass

Höhe

Höhenmeter

Distanz / Kilometer   **Zeit**

06:00...

07:00...

08:00...

09:00...

10:00...

11:00...

12:00...

13:00...

14:00...

15:00...

16:00...

17:00...

18:00...

19:00...

20:00...

21:00...

22:00...

23:00...

00:00...

Kette geschmiert

Tageswertung

1.0   2.0   3.0   4.0   5.0

Wetter

Temperatur

Name der Tour

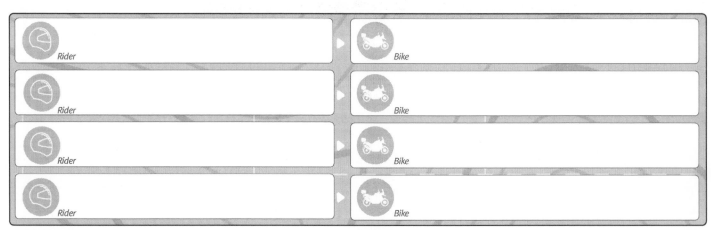

Rider ▶ Bike

Rider ▶ Bike

Rider ▶ Bike

Rider ▶ Bike

Highlights

01

02

03

04

05

Tanken

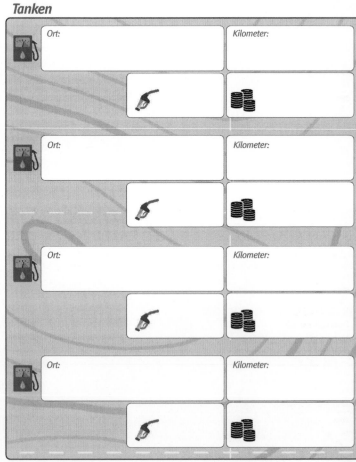

Ort: Kilometer:

Ort: Kilometer:

Ort: Kilometer:

Ort: Kilometer:

Sonstige Ausgaben

WOCHE
1

Pässe/Cols

Pass

Höhe

Höhenmeter

Distanz / Kilometer **Zeit**

★★★★★

Pass

Höhe

Höhenmeter

Distanz / Kilometer **Zeit**

★★★★★

Pass

Höhe

Höhenmeter

Distanz / Kilometer **Zeit**

★★★★★

Pass

Höhe

Höhenmeter

Distanz / Kilometer **Zeit**

★★★★★

Datum

Start

Ziel

Distanz / Kilometer **Gesamtzeit** **Höhenmeter**

06:00..

07:00..

08:00..

09:00..

10:00..

11:00..

12:00..

13:00..

14:00..

15:00..

16:00..

17:00..

18:00..

19:00..

20:00..

21:00..

22:00..

23:00..

00:00..

Kette geschmiert

Tageswertung

1.0 2.0 3.0 4.0 5.0

★★★★★

Wetter Temperatur

Name der Tour

Rider ▶ Bike

Rider ▶ Bike

Rider ▶ Bike

Rider ▶ Bike

Highlights

01

02

03

04

05

Tanken

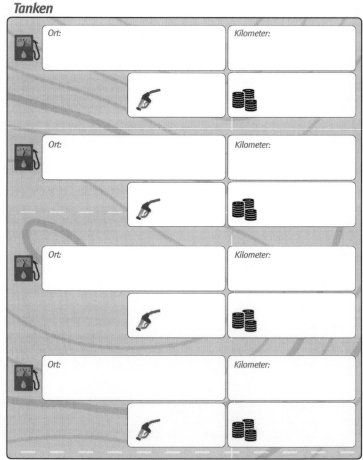

Ort: Kilometer:

Ort: Kilometer:

Ort: Kilometer:

Ort: Kilometer:

Sonstige Ausgaben

Pässe/Cols

Datum

Start ⌂

Ziel 🏁

Distanz / Kilometer	Gesamtzeit	Höhenmeter

Pass ▲▲

Höhe	Höhenmeter

Distanz / Kilometer	Zeit	★★★★★

Pass ▲▲

Höhe	Höhenmeter

Distanz / Kilometer	Zeit	★★★★★

Pass ▲▲

Höhe	Höhenmeter

Distanz / Kilometer	Zeit	★★★★★

Pass ▲▲

Höhe	Höhenmeter

Distanz / Kilometer	Zeit	★★★★★

06:00...

07:00...

08:00...

09:00...

10:00...

11:00...

12:00...

13:00...

14:00...

15:00...

16:00...

17:00...

18:00...

19:00...

20:00...

21:00...

22:00...

23:00...

00:00...

Kette geschmiert ▯

Tageswertung

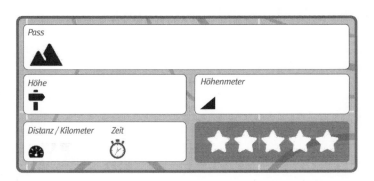

1.0 2.0 3.0 4.0 5.0
★ ★ ★ ★ ★

Wetter   Temperatur

☀ ☁ ⛅ 🌦 🌧 ⛈ 🌬 ❄ 🌡

Name der Tour

Rider 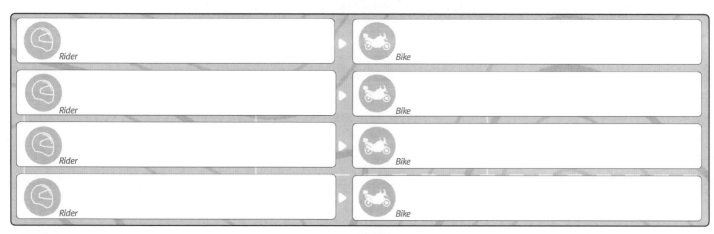 Bike

Rider Bike

Rider Bike

Rider Bike

Highlights

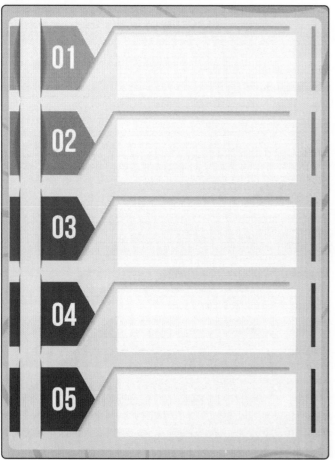

01

02

03

04

05

Tanken

Ort: Kilometer:

Ort: Kilometer:

Ort: Kilometer:

Ort: Kilometer:

Sonstige Ausgaben

Pässe/Cols

Datum

Start 🏠

Ziel 🏁

Distanz / Kilometer 🏁

Gesamtzeit ⏱

Höhenmeter ◢

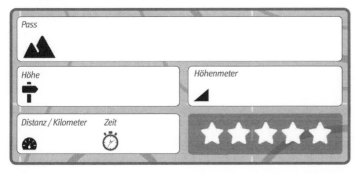

Pass ⛰

Höhe 🚏

Höhenmeter ◢

Distanz / Kilometer 🏁   **Zeit** ⏱   ★★★★★

Pass ⛰

Höhe 🚏

Höhenmeter ◢

Distanz / Kilometer 🏁   **Zeit** ⏱   ★★★★★

Pass ⛰

Höhe 🚏

Höhenmeter ◢

Distanz / Kilometer 🏁   **Zeit** ⏱   ★★★★★

Pass ⛰

Höhe 🚏

Höhenmeter ◢

Distanz / Kilometer 🏁   **Zeit** ⏱   ★★★★★

06:00..

07:00..

08:00..

09:00..

10:00..

11:00..

12:00..

13:00..

14:00..

15:00..

16:00..

17:00..

18:00..

19:00..

20:00..

21:00..

22:00..

23:00..

00:00..

Kette geschmiert

Tageswertung   1.0 2.0 3.0 4.0 5.0   ★★★★★

Wetter   *Temperatur*

☀ ⛅ ☁ 🌧 🌦 ⛈ 🌬 ❄ 🌡

Name der Tour

Rider ▶ Bike

Rider ▶ Bike

Rider ▶ Bike

Rider ▶ Bike

Highlights

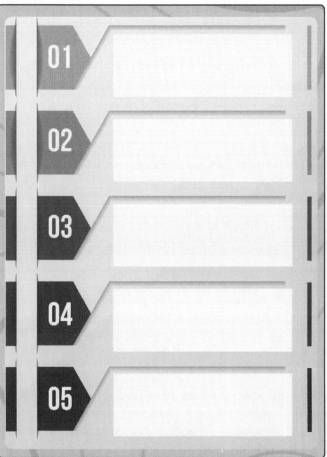

01

02

03

04

05

Tanken

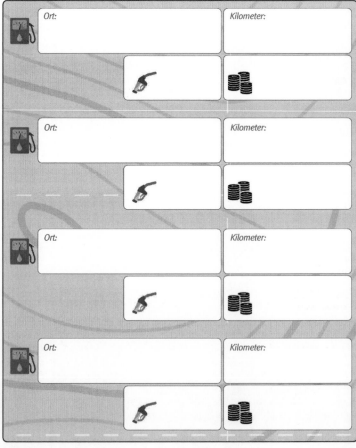

Ort: Kilometer:

Ort: Kilometer:

Ort: Kilometer:

Ort: Kilometer:

Sonstige Ausgaben

Pässe/Cols

Datum

Start

Ziel

Distanz / Kilometer

Gesamtzeit

Höhenmeter

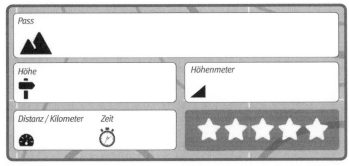

Pass

Höhe

Höhenmeter

Distanz / Kilometer

Zeit

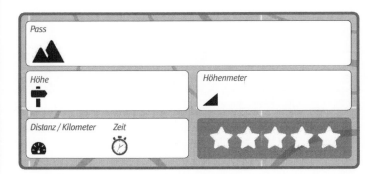

Pass

Höhe

Höhenmeter

Distanz / Kilometer

Zeit

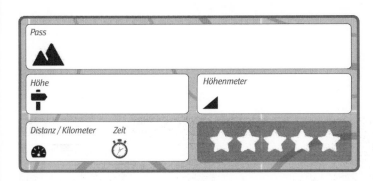

Pass

Höhe

Höhenmeter

Distanz / Kilometer

Zeit

Pass

Höhe

Höhenmeter

Distanz / Kilometer

Zeit

06:00.....................................

07:00.....................................

08:00.....................................

09:00.....................................

10:00.....................................

11:00.....................................

12:00.....................................

13:00.....................................

14:00.....................................

15:00.....................................

16:00.....................................

17:00.....................................

18:00.....................................

19:00.....................................

20:00.....................................

21:00.....................................

22:00.....................................

23:00.....................................

00:00.....................................

Kette
geschmiert

Tageswertung

1.0   2.0   3.0   4.0   5.0

Wetter

Temperatur

Name der Tour

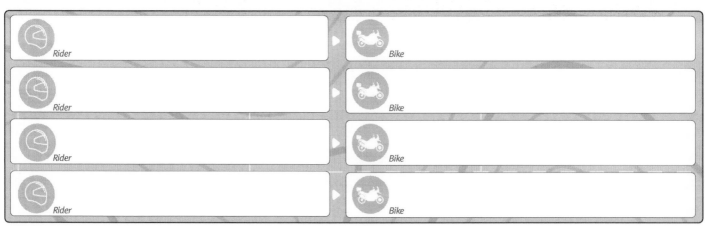

Rider ▶ Bike

Rider ▶ Bike

Rider ▶ Bike

Rider ▶ Bike

Highlights

Tanken

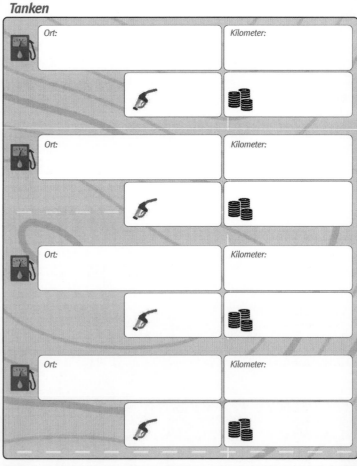

Ort: Kilometer:

Ort: Kilometer:

Ort: Kilometer:

Ort: Kilometer:

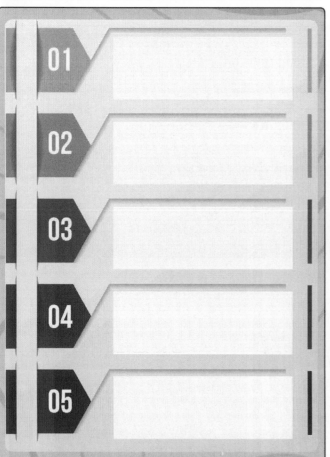

01

02

03

04

05

Sonstige Ausgaben

WOCHE
1

Pässe/Cols

Pass

Höhe	Höhenmeter

Distanz / Kilometer	Zeit	★★★★★

Pass

Höhe	Höhenmeter

Distanz / Kilometer	Zeit	★★★★★

Pass

Höhe	Höhenmeter

Distanz / Kilometer	Zeit	★★★★★

Pass

Höhe	Höhenmeter

Distanz / Kilometer	Zeit	★★★★★

Datum

Start

Ziel

Distanz / Kilometer	Gesamtzeit	Höhenmeter

06:00..

07:00..

08:00..

09:00..

10:00..

11:00..

12:00..

13:00..

14:00..

15:00..

16:00..

17:00..

18:00..

19:00..

20:00..

21:00..

22:00..

23:00..

00:00..

Kette geschmiert

Tageswertung

	1.0	2.0	3.0	4.0	5.0
	★	★	★	★	★

Wetter

Temperatur

Name der Tour

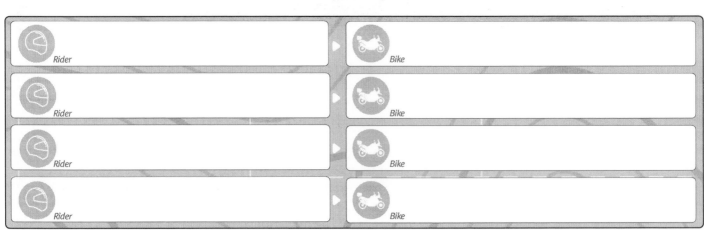

Rider ▶ Bike

Rider ▶ Bike

Rider ▶ Bike

Rider ▶ Bike

Highlights

01

02

03

04

05

Tanken

Ort: | Kilometer:

Ort: | Kilometer:

Ort: | Kilometer:

Ort: | Kilometer:

Sonstige Ausgaben

Pässe/Cols

Pass

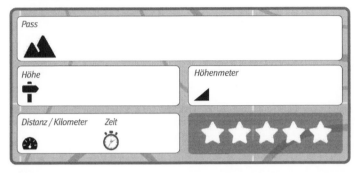

Höhe

Höhenmeter

Distanz / Kilometer Zeit

★★★★★

Pass

Höhe

Höhenmeter

Distanz / Kilometer Zeit

★★★★★

Pass

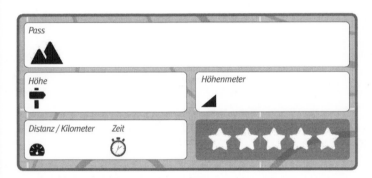

Höhe

Höhenmeter

Distanz / Kilometer Zeit

★★★★★

Pass

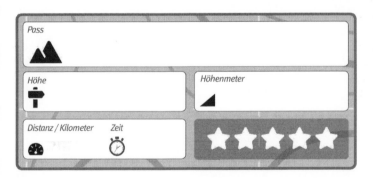

Höhe

Höhenmeter

Distanz / Kilometer Zeit

★★★★★

Tageswertung

1.0 2.0 3.0 4.0 5.0

★★★★★

Datum

Start

Ziel

Distanz / Kilometer   Gesamtzeit   Höhenmeter

06:00...
07:00...
08:00...
09:00...
10:00...
11:00...
12:00...
13:00...
14:00...
15:00...
16:00...
17:00...
18:00...
19:00...
20:00...
21:00...
22:00...
23:00...
00:00...

*Kette
geschmiert*

Wetter   Temperatur

Name der Tour

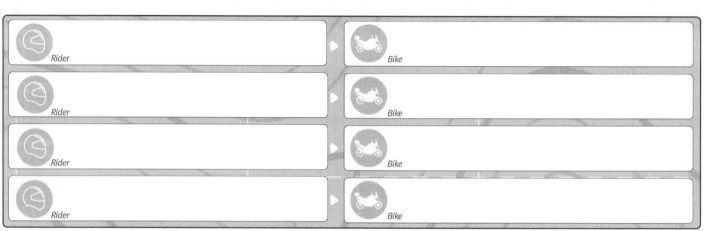

Rider ▶ Bike

Rider ▶ Bike

Rider ▶ Bike

Rider ▶ Bike

Highlights

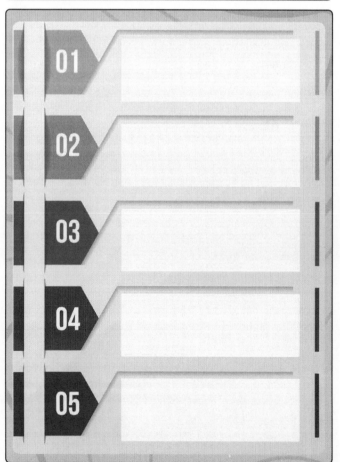

01

02

03

04

05

Tanken

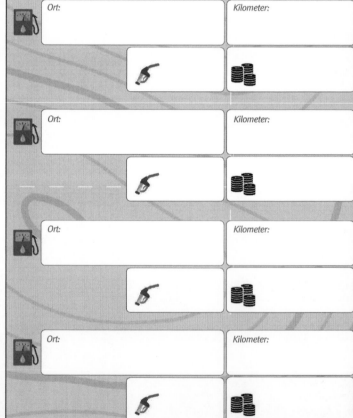

Ort: Kilometer:

Ort: Kilometer:

Ort: Kilometer:

Ort: Kilometer:

Sonstige Ausgaben

Pässe/Cols

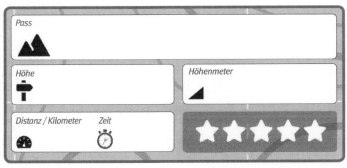

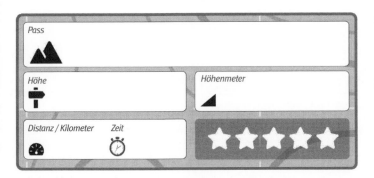

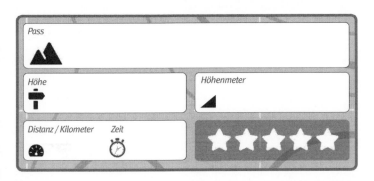

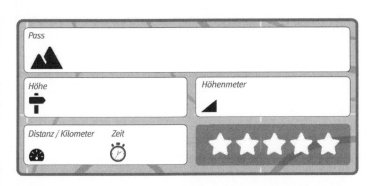

Datum

Start

Ziel

Distanz / Kilometer	Gesamtzeit	Höhenmeter

06:00 ....

07:00 ....

08:00 ....

09:00 ....

10:00 ....

11:00 ....

12:00 ....

13:00 ....

14:00 ....

15:00 ....

16:00 ....

17:00 ....

18:00 ....

19:00 ....

20:00 ....

21:00 ....

22:00 ....

23:00 ....

00:00 ....

Kette
geschmiert

Tageswertung   1.0 2.0 3.0 4.0 5.0
★★★★★

Wetter   Temperatur

Auf den nächsten Seiten planst du deine Wochentour.
Die jeweiligen Tagesetappen trägst du am Ende des Tages
hier ein. So erhältst du einen Überblick über deine
zurückgelegte Tour. Die gefahrenen Pässe trägst du am
Ende der jeweiligen Woche ein (Seiten 50-51).

WOCHE 1

Tour

1
| Distanz / Km | Höhenmeter | Gesamtausgaben |

2
| Distanz / Km | Höhenmeter | Gesamtausgaben |

3
| Distanz / Km | Höhenmeter | Gesamtausgaben |

4
| Distanz / Km | Höhenmeter | Gesamtausgaben |

5
| Distanz / Km | Höhenmeter | Gesamtausgaben |

6
| Distanz / Km | Höhenmeter | Gesamtausgaben |

7
| Distanz / Km | Höhenmeter | Gesamtausgaben |

+
| Distanz / Km | Höhenmeter | Gesamtausgaben |

Würde ich diese Tour wieder machen?

| nie wieder | eher nicht | vielleicht | bestimmt | ganz sicher |

Panoramica del Vette, Ita
Foto: Edgar Joerg

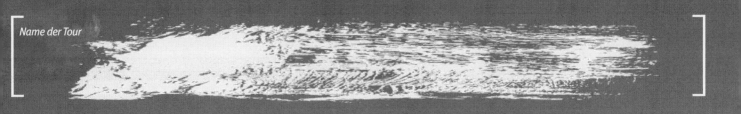

[*Name der Tour*

von - bis:

Rider

Bike

Rider

Bike

Rider

Bike

Rider

Bike

Tagesplan ✎

Übernachtung ✎

Bild einkleben

| ÜF | HP | VP | EZ | DZ | FeWo |

WiFi · Essen ★★★★★

| Direktbuchung | airbnb | booking.com | trivago | expedia | hrs |

| swoodoo | momondo | kayak | check24 | lastminute.de | sonstige |

Name

Adresse

Telefon

Webseite

Mail

Buchungsnummer

Gesamtpreis

Bewertung der Unterkunft

1.0 2.0 3.0 4.0 5.0

★ ★ ★ ★ ★

⚠ Kostenfreie
Stornierung bis:

Tourbezeichnung

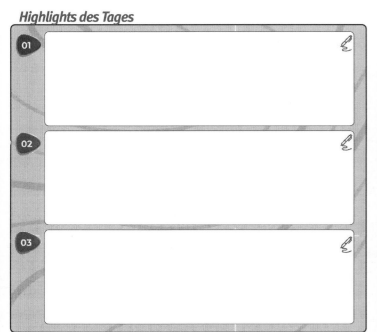

Datum

Start

Ziel

Distanz / Kilometer	Gesamtzeit	Höhenmeter

Highlights des Tages

01

02

03

Finanzen

Essen & Trinken

Tanken

Ort:

Kilometer:

Ort:

Kilometer:

Ort:

Kilometer:

Sonstige Ausgaben

06:00...

07:00...

08:00...

09:00...

10:00...

11:00...

12:00...

13:00...

14:00...

15:00...

16:00...

17:00...

18:00...

19:00...

20:00...

21:00...

22:00...

23:00...

00:00...

Kette geschmiert

Tageswertung

1.0   2.0   3.0   4.0   5.0

Wetter

Temperatur

Tagesplan ✎

Übernachtung ✎

Bild einkleben

ÜF	HP	VP	EZ	DZ	FeWo
○	○	○	○	○	○

WiFi ○   ○   ✗ Essen ○ ★★★★★

Direktbuchung	airbnb	booking.com	trivago	expedia	hrs
○	○	○	○	○	○

swoodoo	momondo	kayak	check24	lastminute.de	sonstige
○	○	○	○	○	○

Name

Adresse

Telefon

Webseite

Mail

Buchungsnummer

Gesamtpreis

Bewertung der Unterkunft

1.0   2.0   3.0   4.0   5.0

★ ★ ★ ★ ★

⚠ Kostenfreie Stornierung bis:

Tourbezeichnung

Datum

Start

Ziel

Distanz / Kilometer Gesamtzeit Höhenmeter

Highlights des Tages

01

02

03

Finanzen

Essen & Trinken

Tanken

Ort:
Kilometer:

Ort:
Kilometer:

Ort:
Kilometer:

Sonstige Ausgaben

06:00...
07:00...
08:00...
09:00...
10:00...
11:00...
12:00...
13:00...
14:00...
15:00...
16:00...
17:00...
18:00...
19:00...
20:00...
21:00...
22:00...
23:00...
00:00...

Kette
geschmiert

Tageswertung

1.0   2.0   3.0   4.0   5.0

⭐ ⭐ ⭐ ⭐ ⭐

Wetter

Temperatur

Tagesplan ✎

Übernachtung ✎

Bild einkleben

ÜF	HP	VP	EZ	DZ	FeWo
○	○	○	○	○	○

WiFi ○ ○ Essen ○ ★★★★★

Direktbuchung	airbnb	booking.com	trivago	expedia	hrs
○	○	○	○	○	○
swoodoo	momondo	kayak	check24	lastminute.de	sonstige
○	○	○	○	○	○

Name

Adresse

Telefon

Webseite

Mail

Buchungsnummer

Gesamtpreis

Bewertung der Unterkunft

1.0 2.0 3.0 4.0 5.0

★★★★★

⚠ Kostenfreie
Stornierung bis:

Tourbezeichnung

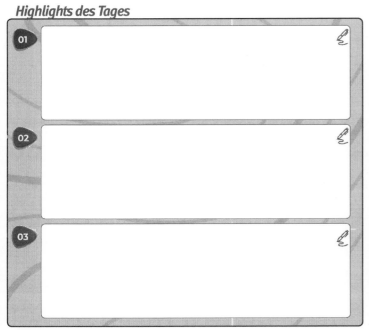

Datum

Start

Ziel

Distanz / Kilometer | Gesamtzeit | Höhenmeter

Highlights des Tages

01

02

03

Finanzen

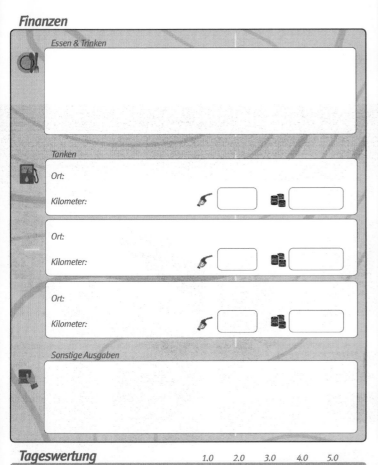

Essen & Trinken

Tanken

Ort:

Kilometer:

Ort:

Kilometer:

Ort:

Kilometer:

Sonstige Ausgaben

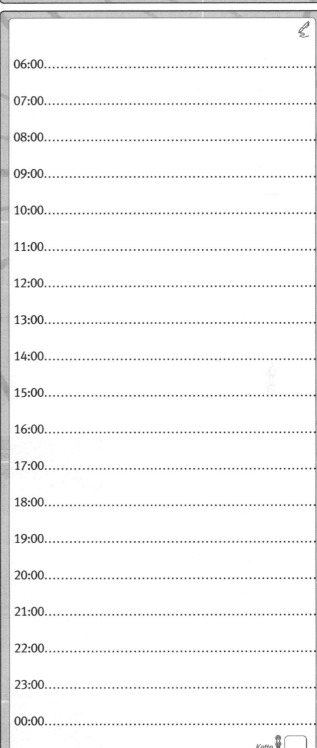

06:00 ....

07:00 ....

08:00 ....

09:00 ....

10:00 ....

11:00 ....

12:00 ....

13:00 ....

14:00 ....

15:00 ....

16:00 ....

17:00 ....

18:00 ....

19:00 ....

20:00 ....

21:00 ....

22:00 ....

23:00 ....

00:00 ....

Kette
geschmiert

Tageswertung

1.0   2.0   3.0   4.0   5.0

Wetter

Temperatur

Tagesplan ✎

Übernachtung ✎

Bild einkleben

ÜF	HP	VP	EZ	DZ	FeWo
○	○	○	○	○	○

WiFi ○　　🏊 ○　　🍴 Essen ○ ★★★★★

Direktbuchung	airbnb	booking.com	trivago	expedia	hrs
○	○	○	○	○	○

swoodoo	momondo	kayak	check24	lastminute.de	sonstige
○	○	○	○	○	○

👤 Name

🏠 Adresse

📞 Telefon

🌐 Webseite

✉ Mail

Buchungsnummer

Gesamtpreis

Bewertung der Unterkunft

	1.0	2.0	3.0	4.0	5.0
	★	★	★	★	★

⚠ Kostenfreie
Stornierung bis:

Tourbezeichnung

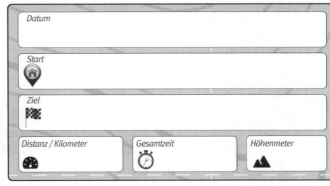

Datum

Start

Ziel

Distanz / Kilometer

Gesamtzeit

Höhenmeter

Highlights des Tages

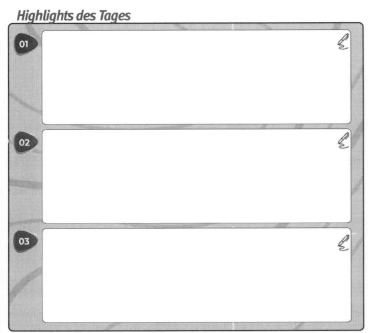

01

02

03

Finanzen

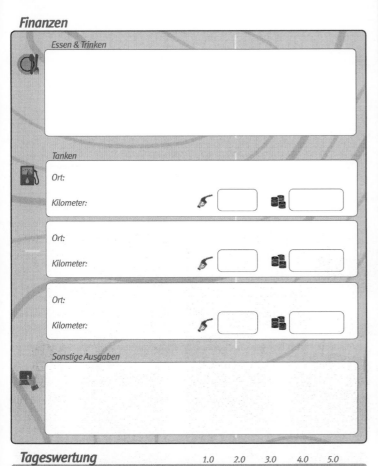

Essen & Trinken

Tanken

Ort:

Kilometer:

Ort:

Kilometer:

Ort:

Kilometer:

Sonstige Ausgaben

06:00

07:00

08:00

09:00

10:00

11:00

12:00

13:00

14:00

15:00

16:00

17:00

18:00

19:00

20:00

21:00

22:00

23:00

00:00

Kette
geschmiert

Tageswertung

1.0   2.0   3.0   4.0   5.0

Wetter

Temperatur

Tagesplan ✎

Übernachtung ✎

Bild einkleben

| ÜF | HP | VP | EZ | DZ | FeWo |

WiFi · · Essen ★★★★★

Direktbuchung · airbnb · booking.com · trivago · expedia · hrs

swoodoo · momondo · kayak · check24 · lastminute.de · sonstige

Name

Adresse

Telefon

Webseite

Mail

Buchungsnummer

Gesamtpreis

Bewertung der Unterkunft

1.0   2.0   3.0   4.0   5.0

★★★★★

⚠ Kostenfreie
Stornierung bis:

Tourbezeichnung

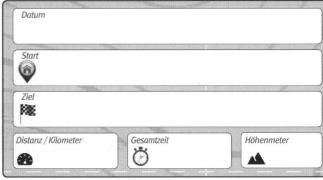

Datum

Start

Ziel

Distanz / Kilometer	Gesamtzeit	Höhenmeter

Highlights des Tages

01

02

03

Finanzen

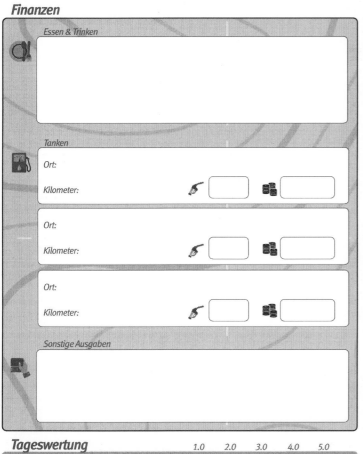

Essen & Trinken

Tanken

Ort:

Kilometer:

Ort:

Kilometer:

Ort:

Kilometer:

Sonstige Ausgaben

06:00...

07:00...

08:00...

09:00...

10:00...

11:00...

12:00...

13:00...

14:00...

15:00...

16:00...

17:00...

18:00...

19:00...

20:00...

21:00...

22:00...

23:00...

00:00...

Kette
geschmiert

Tageswertung

1.0   2.0   3.0   4.0   5.0

Wetter

Temperatur

Tagesplan ✍

Übernachtung ✍

Bild einkleben

ÜF	HP	VP	EZ	DZ	FeWo

WiFi · · Essen ★★★★★

Direktbuchung	airbnb	booking.com	trivago	expedia	hrs

swoodoo	momondo	kayak	check24	lastminute.de	sonstige

Name

Adresse

Telefon

Webseite

Mail

Buchungsnummer

Gesamtpreis

Bewertung der Unterkunft

1.0	2.0	3.0	4.0	5.0
★	★	★	★	★

⚠ Kostenfreie
Stornierung bis:

Tourbezeichnung

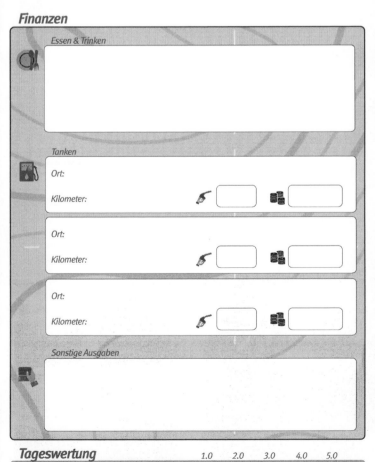

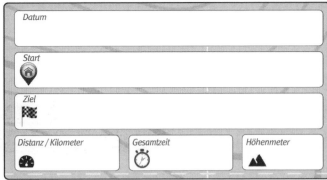

Datum

Start

Ziel

Distanz / Kilometer

Gesamtzeit

Höhenmeter

Highlights des Tages

01

02

03

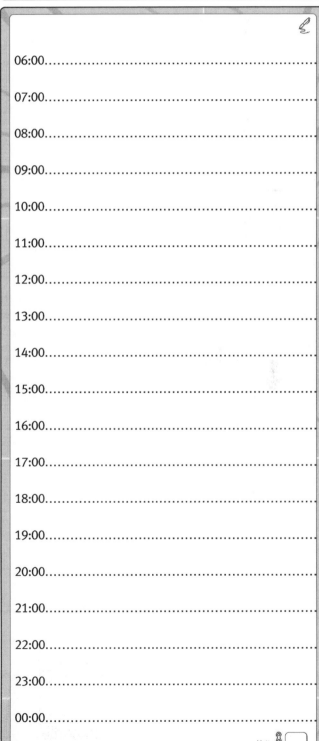

06:00 ....

07:00 ....

08:00 ....

09:00 ....

10:00 ....

11:00 ....

12:00 ....

13:00 ....

14:00 ....

15:00 ....

16:00 ....

17:00 ....

18:00 ....

19:00 ....

20:00 ....

21:00 ....

22:00 ....

23:00 ....

00:00 ....

Kette geschmiert

Finanzen

Essen & Trinken

Tanken

Ort:

Kilometer:

Ort:

Kilometer:

Ort:

Kilometer:

Sonstige Ausgaben

Tageswertung

1.0 2.0 3.0 4.0 5.0

Wetter

Temperatur

Tagesplan ✎

Übernachtung ✎

Bild einkleben

ÜF	HP	VP	EZ	DZ	FeWo

WiFi · Essen ★★★★★

Direktbuchung	airbnb	booking.com	trivago	expedia	hrs

swoodoo	momondo	kayak	check24	lastminute.de	sonstige

Name

Adresse

Telefon

Webseite

Mail

Buchungsnummer

Gesamtpreis

Bewertung der Unterkunft

1.0 2.0 3.0 4.0 5.0
★ ★ ★ ★ ★

⚠ Kostenfreie
Stornierung bis:

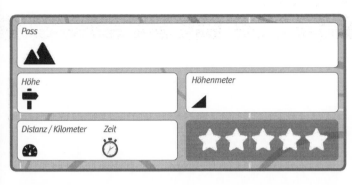

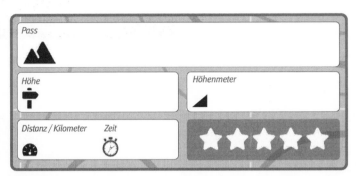

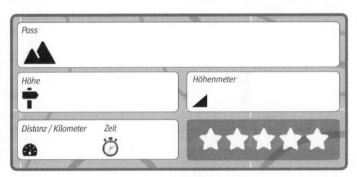

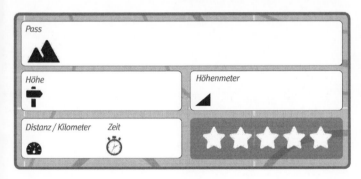

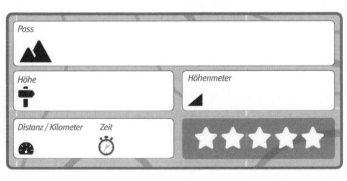

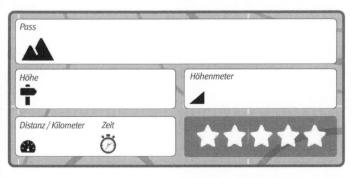

Auf den nächsten Seiten planst du deine Wochentour.
Die jeweiligen Tagesetappen trägst du am Ende des Tages
hier ein. So erhältst du einen Überblick über deine
zurückgelegte Tour. Die gefahrenen Pässe trägst du am
Ende der jeweiligen Woche ein (Seiten 68-69).

WOCHE 2

Tour

	Distanz / Km	Höhenmeter	Gesamtausgaben
1			
2			
3			
4			
5			
6			
7			
+			

Würde ich diese Tour wieder machen?

nie wieder   eher nicht   vielleicht   bestimmt   ganz sicher

Col de Corbi
Foto: Edgar

Name der Tour

von - bis:

Rider

Bike

Rider

Bike

Rider

Bike

Rider

Bike

Tagesplan ✍

Übernachtung ✍

Bild einkleben

ÜF	HP	VP	EZ	DZ	FeWo

WiFi

Essen ★★★★★

Direktbuchung	airbnb	booking.com	trivago	expedia	hrs

swoodoo	momondo	kayak	check24	lastminute.de	sonstige

Name

Adresse

Telefon

Webseite

Mail

Buchungsnummer

Gesamtpreis

Bewertung der Unterkunft

1.0 2.0 3.0 4.0 5.0
★★★★★

⚠ Kostenfreie
Stornierung bis:

Tourbezeichnung

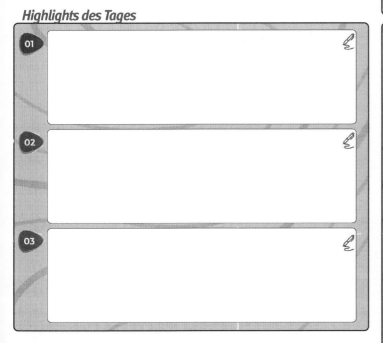

Datum

Start

Ziel

Distanz / Kilometer	Gesamtzeit	Höhenmeter

Highlights des Tages

01

02

03

Finanzen

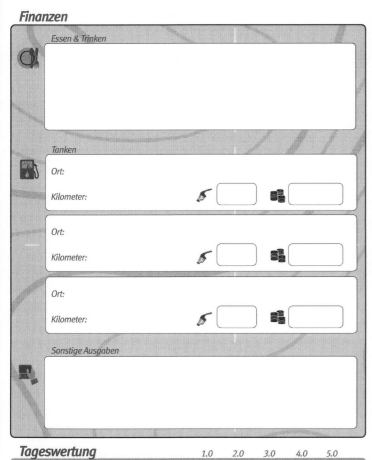

Essen & Trinken

Tanken

Ort:

Kilometer:

Ort:

Kilometer:

Ort:

Kilometer:

Sonstige Ausgaben

06:00

07:00

08:00

09:00

10:00

11:00

12:00

13:00

14:00

15:00

16:00

17:00

18:00

19:00

20:00

21:00

22:00

23:00

00:00

Kette
geschmiert

Tageswertung

1.0   2.0   3.0   4.0   5.0

Wetter

Temperatur

Tagesplan ✎

Übernachtung ✎

Bild einkleben

| ÜF | HP | VP | EZ | DZ | FeWo |

WiFi · Essen ★★★★★

| Direktbuchung | airbnb | booking.com | trivago | expedia | hrs |

| swoodoo | momondo | kayak | check24 | lastminute.de | sonstige |

Name

Adresse

Telefon

Webseite

Mail

Buchungsnummer

Gesamtpreis

Bewertung der Unterkunft

1.0 2.0 3.0 4.0 5.0
★ ★ ★ ★ ★

⚠ Kostenfreie Stornierung bis:

Tourbezeichnung

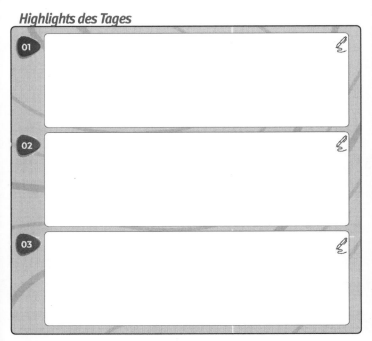

Highlights des Tages

01	
02	
03	

Finanzen

Essen & Trinken

Tanken

Ort:

Kilometer:

Ort:

Kilometer:

Ort:

Kilometer:

Sonstige Ausgaben

Tageswertung

1.0   2.0   3.0   4.0   5.0

★ ★ ★ ★ ★

Datum

Start

Ziel

Distanz / Kilometer

Gesamtzeit

Höhenmeter

06:00...

07:00...

08:00...

09:00...

10:00...

11:00...

12:00...

13:00...

14:00...

15:00...

16:00...

17:00...

18:00...

19:00...

20:00...

21:00...

22:00...

23:00...

00:00...

Kette geschmiert

Wetter

Temperatur

Tagesplan ✎

Übernachtung ✎

Bild einkleben

ÜF	HP	VP	EZ	DZ	FeWo

Essen ★★★★★

Direktbuchung airbnb booking.com trivago expedia hrs

swoodoo momondo kayak check24 lastminute.de sonstige

Name

Adresse

Telefon

Webseite

Mail

Buchungsnummer

Gesamtpreis

Bewertung der Unterkunft

1.0 2.0 3.0 4.0 5.0
★★★★★

Kostenfreie
Stornierung bis:

Tourbezeichnung

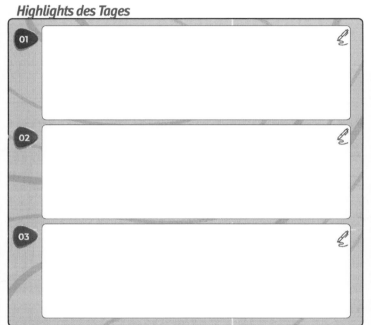

Datum

Start

Ziel

Distanz / Kilometer	Gesamtzeit	Höhenmeter

Highlights des Tages

01

02

03

Finanzen

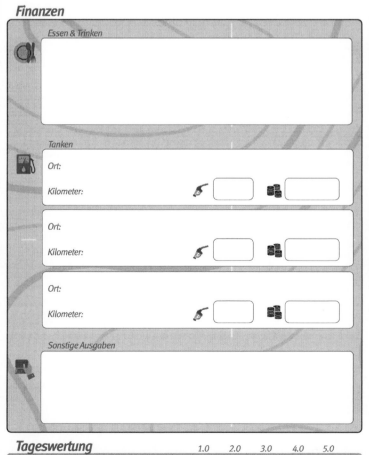

Essen & Trinken

Tanken

Ort:

Kilometer:

Ort:

Kilometer:

Ort:

Kilometer:

Sonstige Ausgaben

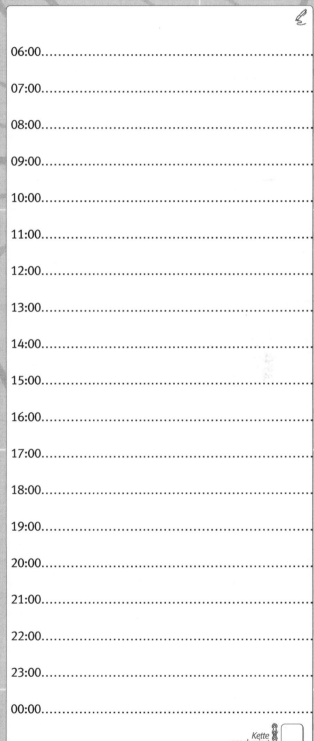

06:00..

07:00..

08:00..

09:00..

10:00..

11:00..

12:00..

13:00..

14:00..

15:00..

16:00..

17:00..

18:00..

19:00..

20:00..

21:00..

22:00..

23:00..

00:00..

Kette
geschmiert

Tageswertung

1.0   2.0   3.0   4.0   5.0

Wetter

Temperatur

Tagesplan ✍

Übernachtung ✍

Bild einkleben

ÜF	HP	VP	EZ	DZ	FeWo
○	○	○	○	○	○

WiFi ○   ○   Essen ○ ★★★★★

Direktbuchung	airbnb	booking.com	trivago	expedia	hrs
○	○	○	○	○	○

swoodoo	momondo	kayak	check24	lastminute.de	sonstige
○	○	○	○	○	○

Name

Adresse

Telefon

Webseite

Mail

Buchungsnummer

Gesamtpreis

Bewertung der Unterkunft

1.0   2.0   3.0   4.0   5.0
★ ★ ★ ★ ★

⚠ Kostenfreie
Stornierung bis:

Tourbezeichnung

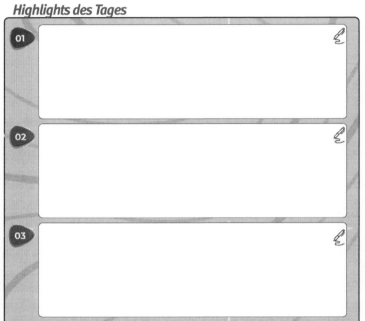

Datum

Start

Ziel

Distanz / Kilometer	Gesamtzeit	Höhenmeter

Highlights des Tages

01

02

03

Finanzen

Essen & Trinken

Tanken

Ort:

Kilometer:

Ort:

Kilometer:

Ort:

Kilometer:

Sonstige Ausgaben

06:00 ....

07:00 ....

08:00 ....

09:00 ....

10:00 ....

11:00 ....

12:00 ....

13:00 ....

14:00 ....

15:00 ....

16:00 ....

17:00 ....

18:00 ....

19:00 ....

20:00 ....

21:00 ....

22:00 ....

23:00 ....

00:00 ....

Kette geschmiert

Tageswertung

1.0   2.0   3.0   4.0   5.0

Wetter

Temperatur

Tagesplan ✍

Übernachtung ✍

Bild einkleben

ÜF	HP	VP	EZ	DZ	FeWo
○	○	○	○	○	○

WiFi ○   ○   Essen ○ ★★★★★

Direktbuchung	airbnb	booking.com	trivago	expedia	hrs
○	○	○	○	○	○

swoodoo	momondo	kayak	check24	lastminute.de	sonstige
○	○	○	○	○	○

Name

Adresse

Telefon

Webseite

Mail

Buchungsnummer

Gesamtpreis

Bewertung der Unterkunft

1.0	2.0	3.0	4.0	5.0
★	★	★	★	★

⚠ Kostenfreie
Stornierung bis:

Tourbezeichnung

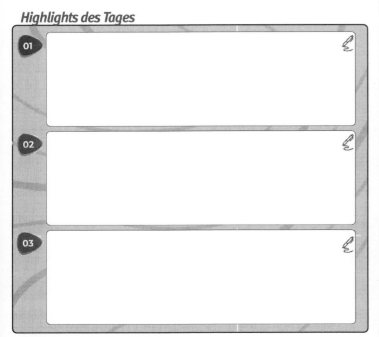

Highlights des Tages

01

02

03

Finanzen

Essen & Trinken

Tanken

Ort:

Kilometer:

Ort:

Kilometer:

Ort:

Kilometer:

Sonstige Ausgaben

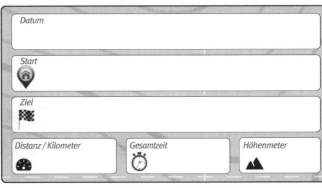

Datum

Start

Ziel

Distanz / Kilometer

Gesamtzeit

Höhenmeter

06:00...

07:00...

08:00...

09:00...

10:00...

11:00...

12:00...

13:00...

14:00...

15:00...

16:00...

17:00...

18:00...

19:00...

20:00...

21:00...

22:00...

23:00...

00:00...

Kette
geschmiert

Tageswertung

1.0   2.0   3.0   4.0   5.0

Wetter

Temperatur

Tagesplan ✍

Übernachtung ✍

Bild einkleben

ÜF	HP	VP	EZ	DZ	FeWo

WiFi

Essen ★★★★★

Direktbuchung	airbnb	booking.com	trivago	expedia	hrs

swoodoo	momondo	kayak	check24	lastminute.de	sonstige

Name

Adresse

Telefon

Webseite

Mail

Buchungsnummer

Gesamtpreis

Bewertung der Unterkunft

1.0	2.0	3.0	4.0	5.0
★	★	★	★	★

⚠ Kostenfreie
Stornierung bis:

Tourbezeichnung

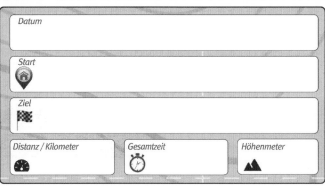

Datum

Start

Ziel

Distanz / Kilometer

Gesamtzeit

Höhenmeter

Highlights des Tages

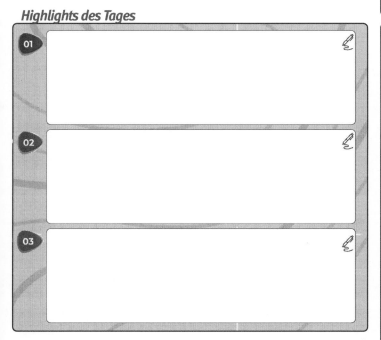

01

02

03

Finanzen

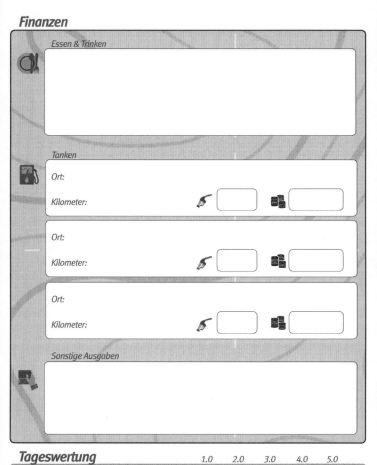

Essen & Trinken

Tanken

Ort:

Kilometer:

Ort:

Kilometer:

Ort:

Kilometer:

Sonstige Ausgaben

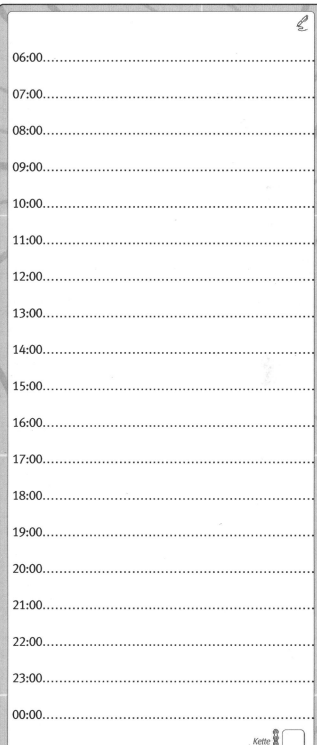

06:00

07:00

08:00

09:00

10:00

11:00

12:00

13:00

14:00

15:00

16:00

17:00

18:00

19:00

20:00

21:00

22:00

23:00

00:00

Kette geschmiert

Tageswertung

1.0 2.0 3.0 4.0 5.0

Wetter

Temperatur

Tagesplan ✎

Übernachtung ✎

Bild einkleben

| ÜF | HP | VP | EZ | DZ | FeWo |

WiFi 🏊 🍴 Essen ★★★★★

Direktbuchung airbnb booking.com trivago expedia hrs

swoodoo momondo kayak check24 lastminute.de sonstige

Name

Adresse

Telefon

Webseite

Mail

Buchungsnummer

Gesamtpreis

Bewertung der Unterkunft

1.0 2.0 3.0 4.0 5.0

★★★★★

⚠ Kostenfreie
Stornierung bis:

Tourbezeichnung

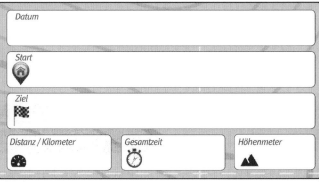

Datum

Start

Ziel

Distanz / Kilometer

Gesamtzeit

Höhenmeter

Highlights des Tages

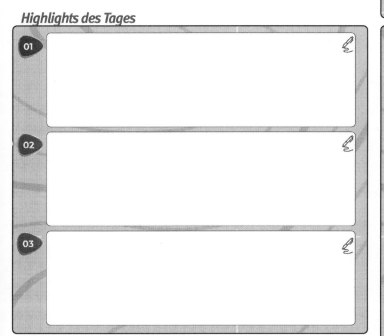

01

02

03

Finanzen

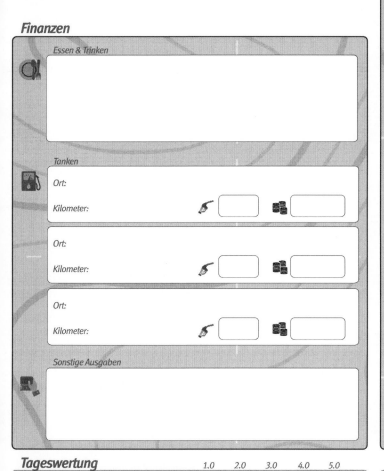

Essen & Trinken

Tanken

Ort:

Kilometer:

Ort:

Kilometer:

Ort:

Kilometer:

Sonstige Ausgaben

06:00

07:00

08:00

09:00

10:00

11:00

12:00

13:00

14:00

15:00

16:00

17:00

18:00

19:00

20:00

21:00

22:00

23:00

00:00

Kette
geschmiert

Tageswertung

1.0   2.0   3.0   4.0   5.0

Wetter

Temperatur

Pässe/Cols der Tour

Pass	**Pass**
Höhe **Höhenmeter**	**Höhe** **Höhenmeter**
Distanz / Kilometer **Zeit** ★★★★★	**Distanz / Kilometer** **Zeit** ★★★★★

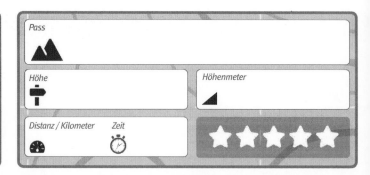

Pass	**Pass**
Höhe **Höhenmeter**	**Höhe** **Höhenmeter**
Distanz / Kilometer **Zeit** ★★★★★	**Distanz / Kilometer** **Zeit** ★★★★★

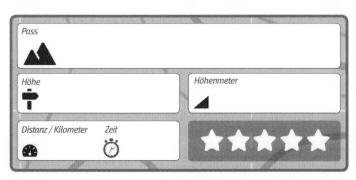
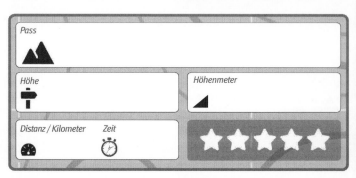

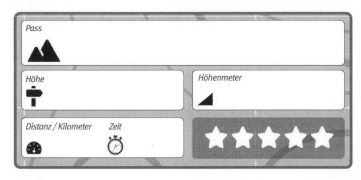

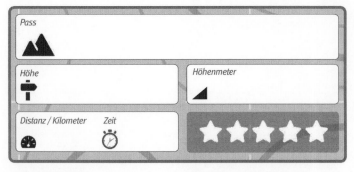

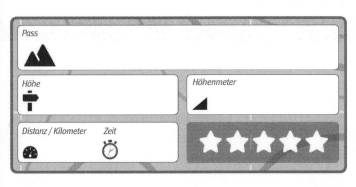

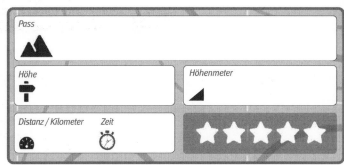

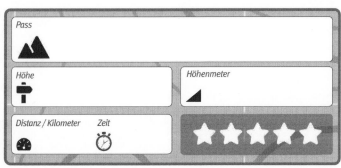

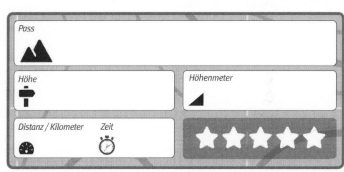

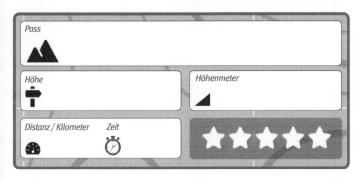

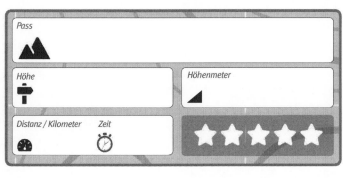

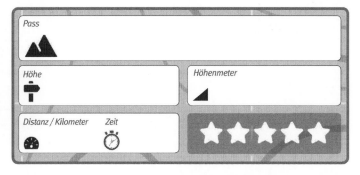

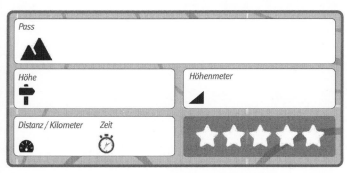

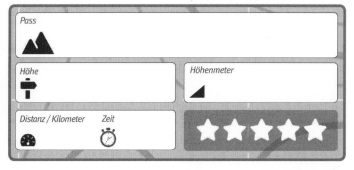

ALPEN PÄSSE

KÄRNTEN

				DATUM	EIGENE WERTUNG 1.0 2.0 3.0 4.0 5.0
Bartolosattel		3	1175 m		★★★★★
Egger Alm ****		2	1416 m		★★★★★
Eisentalhöhe (Nockalm-Höhenstraße) ****		2	2042 m		★★★★★
Falkertsee-Hütte ***		3	1868 m		★★★★★
Feistritzer Alpe **		4	1722 m		★★★★★
Freiwandeck *****		2	2369 m		★★★★★
Gailbergsattel ***		2	973 m		★★★★★
Gerlitzen-Gipfelstraße ***		2	1906 m		★★★★★
Glocknerblick (Albitzen) **		3	2046 m		★★★★★
Goldeck-Panoramastraße ****		2	1900 m		★★★★★
Gunzenberg **		2	1021 m		★★★★★
Hebalm ***		3	1394 m		★★★★★
Hochrindl ***		2	1561 m		★★★★★
Hochtor (Großglockner Hochalpenstr.) ****		2	2505 m		★★★★★
Jauntalblick ***		2	1300 m		★★★★★
Jochalm ***		4	1554 m		★★★★★
Kanzelhöhe **		3	1489 m		★★★★★
Katschberg ***		3	1641 m		★★★★★
Klippitztörl ****		2	1650 m		★★★★★
Kömmelgupf ****		3	1060 m		★★★★★
Kreuzbergsattel ***		2	1074 m		★★★★★
Kurniksattel (Hochobir-Panoramastr.) **		3	1007 m		★★★★★
Loiblpass (Sperrung prüfen) ****		3	1367 m		★★★★★
Loiblpass, Kleiner ***		3	770 m		★★★★★
Lomsattel (Sella di Lom) **		4	1459 m		★★★★★
Luschasattel ****		2	1295 m		★★★★★

Osttirol
Karawanken
Salzburger Land
Slovenien
Ita./Friaul

KÄRNTEN

				DATUM		EIGENE WERTUNG				
						1.0	2.0	3.0	4.0	5.0
MAUT	Malta-Hochalmstraße ****	3	1920 m			⭐	⭐	⭐	⭐	⭐
	Naßfeldpass ****	3	1541 m			⭐	⭐	⭐	⭐	⭐
⚠	Ossiacher Tauern *	3	1009 m			⭐	⭐	⭐	⭐	⭐
	Packsattel ***	2	1200 m			⭐	⭐	⭐	⭐	⭐
	Paulitschsattel **	2	1338 m			⭐	⭐	⭐	⭐	⭐
⚠	Peč (Monte Forno-Dreiländereck) **	3	1510 m			⭐	⭐	⭐	⭐	⭐
MAUT	Petschniksattel (Hochobir-Panoramastr.) **	3	1145 m			⭐	⭐	⭐	⭐	⭐
⚠	Pischenzasattel ****	3	1376 m			⭐	⭐	⭐	⭐	⭐
	Pisweger Sattel ****	2	969 m			⭐	⭐	⭐	⭐	⭐
	Plöckenpass ***	2	1357 m			⭐	⭐	⭐	⭐	⭐
⚠	Polentin, Passo (Straniger Alm) ***	4	1538 m			⭐	⭐	⭐	⭐	⭐
	Poludnigalm ***	3	1718 m			⭐	⭐	⭐	⭐	⭐
	Prekova **	2	1200 m			⭐	⭐	⭐	⭐	⭐
MAUT	Rosstratte (Villacher Alpenstraße)****	3	1732 m			⭐	⭐	⭐	⭐	⭐
⚠	Sadnighaus, Astental ***	3	1880 m			⭐	⭐	⭐	⭐	⭐
⚠	Saualpe ***	3	1821 m			⭐	⭐	⭐	⭐	⭐
	Schaidasattel **	2	1069 m			⭐	⭐	⭐	⭐	⭐
MAUT	Schiestelscharte (Nockalm-Höhenstr.) ****	2	2015 m			⭐	⭐	⭐	⭐	⭐
	Schönfeldsattel ***	2	1740 m			⭐	⭐	⭐	⭐	⭐
MAUT	Seealpe (Hochobir-Panoramastr.) ***	3	1533 m			⭐	⭐	⭐	⭐	⭐
	Seebergsattel (◊ Slowenien) ****	3	1208 m			⭐	⭐	⭐	⭐	⭐
	Simonhöhe **	3	1227 m			⭐	⭐	⭐	⭐	⭐
	Trögerner Klamm ****	2	800 m			⭐	⭐	⭐	⭐	⭐
⚠	Tröpolacher Alm	3	1656 m			⭐	⭐	⭐	⭐	⭐
⚠	Turracher Höhe ***	2	1783 m			⭐	⭐	⭐	⭐	⭐
	Wegscheide **	2	1132 m			⭐	⭐	⭐	⭐	⭐

KÄRNTEN

		🏁	🚏	DATUM	EIGENE WERTUNG				
					1.0	2.0	3.0	4.0	5.0
	Weinebene (› Steiermark) ***	2	1668 m		⭐	⭐	⭐	⭐	⭐
MAUT 🚧	Wöllaner Alpenstraße ***	3	1960 m		⭐	⭐	⭐	⭐	⭐
⚠	Wurzenpass (› Slovenien) ***	3 ZOLL DOUANE	1071 m		⭐	⭐	⭐	⭐	⭐
	Zammelsberg	2	1118 m		⭐	⭐	⭐	⭐	⭐
⚠ 🚧	Zollnersee-Hütte ***	4	1750 m		⭐	⭐	⭐	⭐	⭐
⛰					⭐	⭐	⭐	⭐	⭐
⛰					⭐	⭐	⭐	⭐	⭐

OBER**ÖSTERREICH**

		🏁	🚏	DATUM	EIGENE WERTUNG			
					1.0	2.0	3.0	4.0
	Fahrenberg *	2	902 m		⭐	⭐	⭐	⭐
	Feichtenberg	2	662 m		⭐	⭐	⭐	⭐
🚧	Gahberg ****	2	863 m		⭐	⭐	⭐	⭐
🚧	Gosausee-Bergstraße ****	2	915 m		⭐	⭐	⭐	⭐
	Gschüttpass **	1	969 m		⭐	⭐	⭐	⭐
	Hengstpass ***	2	985 m		⭐	⭐	⭐	⭐
⚠	Koppenpass ***	3	691 m		⭐	⭐	⭐	⭐
	Krahbergtaferl ***	2	829 m		⭐	⭐	⭐	⭐
	Pichlhöhe **	2	552 m		⭐	⭐	⭐	⭐
	Pötschenpass **	2	993 m		⭐	⭐	⭐	⭐
	Pyhrnpass **	2	954 m		⭐	⭐	⭐	⭐
	Weißenbacher Sattel **	2	553 m		⭐	⭐	⭐	⭐
⛰					⭐	⭐	⭐	⭐
⛰					⭐	⭐	⭐	⭐

Salzburger Land
Steiermark
Niederösterreich

NIEDER**ÖSTERREICH**

			DATUM	EIGENE WERTUNG				
				1.0	2.0	3.0	4.0	5.0
Annaberg ***	2	976 m		★	★	★	★	★
Ascher **	2	748 m		★	★	★	★	★
⊘ Fröschnitzsattel (Sperrung prüfen)	3	1273 m		★	★	★	★	★
Gutenmann ***	2	802 m		★	★	★	★	★
Hals, Auf dem ***	2	655 m		★	★	★	★	★
Hart, Auf dem ***	2	515 m		★	★	★	★	★
Haselrast **	2	778 m		★	★	★	★	★
▯ Hochkar, Göstlinger Alpen ***	2	1491 m		★	★	★	★	★
Hochkogelberg **	2	621 m		★	★	★	★	★
⊘ △ ▯ Hochwechsel ***	3	1743 m		★	★	★	★	★
Hohenbrand **	2	628 m		★	★	★	★	★
Josefsberg ****	2	1012 m		★	★	★	★	★
Kraxenberg ***	2	805 m		★	★	★	★	★
Kripp, Große ***	2	694 m		★	★	★	★	★
Ochsattel ****	2	864 m		★	★	★	★	★
Pichlhöhe **	2	552 m		★	★	★	★	★
Preiner Gscheid ***	2	1070 m		★	★	★	★	★
Promau	2	795 m		★	★	★	★	★
Ramssattel ***	2	824 m		★	★	★	★	★
Rohrer Sattel ***	2	864 m		★	★	★	★	★
Schüsseleck ****	2	1151 m		★	★	★	★	★
Semmeringpass ***	2	984 m		★	★	★	★	★
Wechselpass (Wechsel-Panoramastr.) ***	2	980 m		★	★	★	★	★
Wetterlücke	2	549 m		★	★	★	★	★
Ybbsitzer Höhe (Grestener Höhe) **	1	631 m		★	★	★	★	★
Zellerrain ***	2	1125 m		★	★	★	★	★

NORD**TIROL**

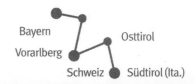

Bayern
Vorarlberg
Osttirol
Schweiz
Südtirol (Ita.)

				DATUM	EIGENE WERTUNG				
					1.0	2.0	3.0	4.0	5.0
MAUT	Ackernalm ***	2	1383 m		★	★	★	★	★
	Ammersattel ***	2	1105 m		★	★	★	★	★
MAUT	Arbiskopf (Zillertaler Höhenstr.) ****	3	2040 m		★	★	★	★	★
	Arlbergpass ***	2	1793 m		★	★	★	★	★
	Axamer Lizum ***	1-2	1550 m		★	★	★	★	★
	Brenner **	1	1370 m		★	★	★	★	★
	Ehrenberger Klause **	1-2	945 m		★	★	★	★	★
MAUT	Eng (Rißtal) ****	2	1203 m		★	★	★	★	★
	Engetal **	2	1142 m		★	★	★	★	★
	Fernpass **	1-2	1200 m		★	★	★	★	★
	Finstermünzpass ***	2	1252 m		★	★	★	★	★
	Gaichtpass ***	2-3	1093 m		★	★	★	★	★
	Gartalpe ****	3-4	1856 m		★	★	★	★	★
	Grafenweg **	2	905 m		★	★	★	★	★
	Grießenpass *	1-2	975 m		★	★	★	★	★
	Hahntennjoch ***	2-3	1909 m		★	★	★	★	★
	Holzleitensattel ***	1-2	1186 m		★	★	★	★	★
	Jamtalhütte, Jambachtal	3-4	2165 m		★	★	★	★	★
	Kaisertal *	2-3	1530 m		★	★	★	★	★
MAUT	Kemater Alm, Senderstal ***	3-4	1646 m		★	★	★	★	★
	Kerschbaumer Sattel **	2	1111 m		★	★	★	★	★
	Kühtai-Sattel ****	2-3	2017 m		★	★	★	★	★
	Leutaschklamm **	1-2	960 m		★	★	★	★	★
	Loassattel **	3-4	1682 m		★	★	★	★	★
	Lüsens, Lisental ***	2-3	1635 m		★	★	★	★	★
	Mutterbergalm **	2	1751 m		★	★	★	★	★

NORD**TIROL**

⛰		⌕	✛	DATUM	🗺 EIGENE WERTUNG 1.0 2.0 3.0 4.0 5.0
⚠	Namlospass ****	2	1359 m		★★★★★
	Norberthöhe (› Schweiz) ***	2 🛃	1407 m		★★★★★
🚇	Oberbergtal, Stubaital***	2	1742 m		★★★★★
	Obergurgl ***	2	1930 m		★★★★★
	Oberjochpass (› Deutschland) **	2 🛃	1178 m		★★★★★
	Piller Höhe ***	3	1560 m		★★★★★
🅿🚇	Rettenbachferner (Ötztaler Gletscherstr.) ***	2	2803 m		★★★★★
🚇	Rofenhöfe **	2	2014 m		★★★★★
	Sättele (Silzer Sattel) ***	2	1685 m		★★★★★
⚠🚇	Schanzl, Spielbergalm *	2	1328 m		★★★★★
	Scharnitzpass ***	2	960 m		★★★★★
🅿🚇	Schlegeisspeicher (Zillertal) ***	3	1810 m		★★★★★
	Seefelder Sattel **	2	1185 m		★★★★★
	Steinbacher Sattel *	2	745 m		★★★★★
⚠🚇	Taschach-Alpe (Pitztal)	3	1792 m		★★★★★
🅿🚇	Tiefenbachferner (Ötztaler Gletscherstr.)***	2	2780 m		★★★★★
🅿	Timmelsjoch (› Italien) ****	3 🛃	2509 m		★★★★★
⛔🚇	Ursprungpass (› Deutschland) (Sperrung prüfen) **	🛃	840 m		★★★★★
🅿🚇	Weißseeferner, (Kaunertaler Gletscherstr.) ****	2	2750 m		★★★★★
	Zirler Berg **	1	1185 m		★★★★★
⛰					★★★★★
⛰					★★★★★

OST**TIROL**

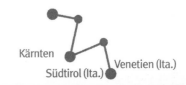

Kärnten
Südtirol (Ita.)
Venetien (Ita.)

			DATUM	EIGENE WERTUNG				
				1.0	2.0	3.0	4.0	5.0
Hochsteinhütte ***	2	1982 m		★	★	★	★	★
Iselsbergpass **	2	1204 m		★	★	★	★	★
Kalser Glocknerstraße ***	2	1984 m		★	★	★	★	★
Kartitscher Sattel ***	1	1525 m		★	★	★	★	★
Klammljoch, Passo di Gola (Sperrung prüfen) (> Ita.)	3	2298 m		★	★	★	★	★
Mairalm ****	3	1793 m		★	★	★	★	★
Oberhausalm, Arvental *	3	1786 m		★	★	★	★	★
Sattel, Leckfeldalm**	4	2122 m		★	★	★	★	★
Staller Sattel ****	3	2059 m		★	★	★	★	★
Tauerntalweg ****	3	1732 m		★	★	★	★	★
Tilliacher Joch (> Italien) ***	3	2094 m		★	★	★	★	★
Volkzeiner Hütte, Winkelbachtal ****	4	1886 m		★	★	★	★	★
Winkler Alm ***	3	1905 m		★	★	★	★	★

X
**Durness, Highlands
Schottland**
Foto: Manuela Joerg

Bayern

Nordtirol

Schweiz

VOR**ARLBERG**

				DATUM	EIGENE WERTUNG				
					1.0	2.0	3.0	4.0	5.0
	Arlbergpass ***	2	1793 m		★	★	★	★	★
	Bielerhöhe, Silvretta Hochalpenstr. ***	2	2035 m		★	★	★	★	★
	Bödele, Losenpass **	2	1139 m		★	★	★	★	★
	Brandner Tal ****	2	1565 m		★	★	★	★	★
	Elsenalpstube (Sperrung prüfen) ***	3	1840 m		★	★	★	★	★
	Faschinajoch **	1	1514 m		★	★	★	★	★
	Flexenpass ***	2	1773 m		★	★	★	★	★
	Forkla, Gibaualpe*** (Sperrung prüfen)	4	2260 m		★	★	★	★	★
	Formarinjoch (Sperrung prüfen) ***	3	1871 m		★	★	★	★	★
	Furkajoch **	3	1760 m		★	★	★	★	★
	Hochtannbergpass ***	2	1674 m		★	★	★	★	★
	Kopsalpe ***	3	1855 m		★	★	★	★	★
	Laguzalpe **	3	1584 m		★	★	★	★	★
	Öberle-Alpe, Kanisfluh **	4	1498 m		★	★	★	★	★
	Pfänder ***	2	1052 m		★	★	★	★	★
	Rappenlochschlucht ****	3	625 m		★	★	★	★	★
	Rucksteig ****	2	781 m		★	★	★	★	★
	Schaufelschlucht, Bregenzerwald	3	850 m		★	★	★	★	★
	Schnepfegg ***	2	903 m		★	★	★	★	★
	Spullersee (Sperrung prüfen) ***	3	1840 m		★	★	★	★	★
	Zeinisjoch ***	3	1842 m		★	★	★	★	★
					★	★	★	★	★
					★	★	★	★	★

STEIER**MARK**

Oberösterreich
Salzburger Land
Niederösterreich
Kärnten
Slovenien

				DATUM	EIGENE WERTUNG				
					1.0	2.0	3.0	4.0	5.0
	Alpler Schanz ***	2	1099 m		★	★	★	★	★
⚠	Altes Almhaus, Wölkerkogel ****	3	1650 m		★	★	★	★	★
	Birkfelder Gschaid ***	1	807 m		★	★	★	★	★
🚧	Brunnalm ****	2	1050 m		★	★	★	★	★
	Buchauer Sattel ***	2	850 m		★	★	★	★	★
⊙🚧	Dachsteinstraße ***	3	1703 m		★	★	★	★	★
	Eibeggsattel ****	3	1001 m		★	★	★	★	★
	Erbsattel ***	2	671 m		★	★	★	★	★
⛔	Feistritzsattel (Sperrung prüfen) ****	3	1290 m		★	★	★	★	★
⚠	Fischbacher Sattel, Feistritztal **	3	1250 m		★	★	★	★	★
⛔	Fröschnitzsattel** (Sperrung prüfen)	3	1273 m		★	★	★	★	★
⚠	Gaberl, Stubalpe ****	3	1551 m		★	★	★	★	★
⚠⛔🚧	Gleinalm, Schutzhaus (Sperrung prüfen) ***	3	1598 m		★	★	★	★	★
	Göger, Rabenwaldstraße ****	2	1033 m		★	★	★	★	★
	Hals, Hochschwabblick ****	2	827 m		★	★	★	★	★
⚠	Hebalm (› Kärnten) ***	3	1394 m		★	★	★	★	★
⚠	Hiaslegg ****	3	1154 m		★	★	★	★	★
	Hinterburger Sattel **	2	1110 m		★	★	★	★	★
⚠	Hirschegger Sattel ***	3	1543 m		★	★	★	★	★
	Hochegger Sattel ***	2	1340 m		★	★	★	★	★
⊙🚧	Hochwechsel, Wetterkogel (› Niederösterr.) ***	3	1743 m		★	★	★	★	★
⚠⛔🚧	Hochwurzen *** (Sperrung prüfen)	3	1840 m		★	★	★	★	★
	Jägerkreuz	2	1065 m		★	★	★	★	★
⚠⊙🚧	Kalbling-Höhenstraße **	3	1486 m		★	★	★	★	★
	Kaltenegg ***	2	1118 m		★	★	★	★	★
⚠⊙🚧	Klosterneuburger Hütte *	3	1881 m		★	★	★	★	★

STEIER**MARK**

▲		⏱	🪧	DATUM	EIGENE WERTUNG
					1.0 2.0 3.0 4.0 5.0
⚠️🚧	Kniepass (Rottenmanner Tauern) **	3	1150 m		★★★★★
⚠️	Koppenpass (› Oberösterreich) ***	2	691 m		★★★★★
	Kreuzwirt ***	1	1038 m		★★★★★
🅿️🚧	Loser-Panoramastraße ***	2	1600 m		★★★★★
	Mandlingpass (› Salzburger Land) **	2	840 m		★★★★★
	Mitterberg *	2	862 m		★★★★★
⚠️	Niederalpl ***	3	1229 m		★★★★★
	Packsattel (› Kärnten) ***	2	1200 m		★★★★★
	Pfaffensattel **	3	1368 m		★★★★★
⚠️🅿️🚧	Planaistraße **	3	1827 m		★★★★★
🚧	Planneralm **	1	1589 m		★★★★★
	Pöllauer Sattel ***	2	1092 m		★★★★★
	Pötschenpass (› Oberösterreich) **	2	993 m		★★★★★
	Pogusch ***	2	1059 m		★★★★★
	Präbichl **	1	1232 m		★★★★★
	Preiner Gscheid (› Niederrösterreich) ***	2	1070 m		★★★★★
	Pretalsattel ***	2	1069 m		★★★★★
	Pyhrnpass (› Oberösterreich) **	2	954 m		★★★★★
	Radlingpass **	2	853 m		★★★★★
⚠️	Radlpass (› Slovenien) **	3 🛃	674 m		★★★★★
	Rechberg ***	2	929 m		★★★★★
🅿️🚧	Reiteralmhütte ****	3	1713 m		★★★★★
	Saukogel ****	3	1421 m		★★★★★
🅿️🚧	Scheibelalm ****	3	1708 m		★★★★★
	Schloffereck ***	2	943 m		★★★★★
	Schoberpass	1	849 m		★★★★★

STEIERMARK

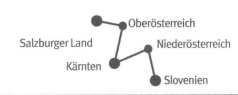

		🏔️	🪧	DATUM	EIGENE WERTUNG
					1.0 2.0 3.0 4.0 5.0
	Schöcklkreuz **	2	1125 m		★★★★★
	Seebergsattel ***	2	1246 m		★★★★★
	Semmeringpass (› Niederösterreich) ***	2	984 m		★★★★★
	Sölkpass ***	3	1787 m		★★★★★
⚠️	Sommerthörl **	3	1644 m		★★★★★
🚧	Stoderzinken-Alpenstraße ****	3	1845 m		★★★★★
⚠️	Straßegg ***	3	1166 m		★★★★★
	Striegeleben ***	2	987 m		★★★★★
💰⚠️⚠️🚧	Stuhleck ****	3	1782 m		★★★★★
	Talbacher Sattel **	1	1110 m		★★★★★
💰🚧	Tauplitzalm **	2	1621 m		★★★★★
	Teichalm ****	2	1195 m		★★★★★
⚠️	Toter Mann ***	3	1065 m		★★★★★
⚠️	Triebener Tauern, Hohentauern ***	2	1281 m		★★★★★
⚠️	Turracher Höhe (› Kärnten) ***	2	1783 m		★★★★★
💰⚠️⚠️🚧	Ursprungalm ***	4	1604 m		★★★★★
	Vorberg ***	3	1134 m		★★★★★
	Wechselpass (› Niederösterreich) ***	1	980 m		★★★★★
	Weinebene (› Kärnten) ***	2	1668 m		★★★★★
⚠️	Wurzwallerkogel ***	3	1063 m		★★★★★
	Zellerrain ***	2	1125 m		★★★★★
🏔️					★★★★★
🏔️					★★★★★

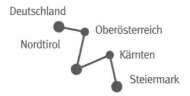

Deutschland
Oberösterreich
Nordtirol
Kärnten
Steiermark

SALZBURGER LAND

			DATUM	EIGENE WERTUNG
				1.0 2.0 3.0 4.0 5.0
Dientner Sattel **	2	1357 m		★★★★★
Edelweißspitze, Großglockner Hochalpenstr. ****	3	2571 m		★★★★★
Enzingerboden ***	2	1482 m		★★★★★
Filzensattel, Stubachtal ***	2	1291 m		★★★★★
Filzsteinalpe, Neue Gerlosstraße ***	2	1628 m		★★★★★
Fuscher Törl , Großglockner Hochalpenstr. ****	2	2394 m		★★★★★
Gaisberg ***	2	1270 m		★★★★★
Gerlospass ***	2	1531 m		★★★★★
Grundlbichlalm ***	3	792 m		★★★★★
Gschütt, Pass (› Oberösterreich) **	1	969 m		★★★★★
Hochtor, Großglockner Hochalpenstr. (› Kärnten) ****	2	2505 m		★★★★★
Katschberg (› Kärnten) ***	3	1641 m		★★★★★
Kniepass *	1	558 m		★★★★★
Krispl ***	2	922 m		★★★★★
Lienbachsattel ***	2	1304 m		★★★★★
Ludlalm ****	3	1530 m		★★★★★
Mandlingpass **	2	840 m		★★★★★
Pass Lueg, Salzachtal ***	1	552 m		★★★★★
Pass Luftenstein *	1	648 m		★★★★★
Pass Strub (› Nordtirol) **	1	675 m		★★★★★
Pass Thurn, Kitzbühler Alpen ***	1	1272 m		★★★★★
Pechauer Sattel ***	1	714 m		★★★★★
Pinzgauer Höhe, Alte Gerlosstraße **	3	1570 m		★★★★★
Radstädter Tauernpass ***	2	1739 m		★★★★★
Rauriser Tal ***	2	1559 m		★★★★★
Riedingtal, Königalm **	2-3	1733 m		★★★★★

ÖSTERREICH

SALZBURGER **LAND**

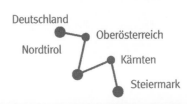

Deutschland
Nordtirol
Oberösterreich
Kärnten
Steiermark

				DATUM	EIGENE WERTUNG				
					1.0	2.0	3.0	4.0	5.0
Roßbrand ****	3	1710 m			★	★	★	★	★
Schanzl, Spielbergalm (› Nordtirol) *	3	1328 m			★	★	★	★	★
Schöffbaumhöhe ***	2	767 m			★	★	★	★	★
Schönfeldsattel, Nockalm-Höhenstr. (› Nordtirol) ***	2	1740 m			★	★	★	★	★
Schönleiten **	2	884 m			★	★	★	★	★
Schwarzenbichl	2	1243 m			★	★	★	★	★
Steinpass (› Deutschland) ***	2	615 m			★	★	★	★	★
Trattberg Panoramastraße	3	1550 m			★	★	★	★	★
Trattenköpfl Neue Gerlosstraße ***	2	1180 m			★	★	★	★	★
Twenger Talpass ***	2	1383 m			★	★	★	★	★
					★	★	★	★	★
					★	★	★	★	★

Grand Colombier, Jura
Frankreich
Foto: Edgar Joerg

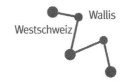

Westschweiz — Wallis

BERNER **OBERLAND**

			DATUM	EIGENE WERTUNG
				1.0 2.0 3.0 4.0 5.0
Brünigpass ***	2	1008 m		★★★★★
Chuderhüsi ***	2	1098 m		★★★★★
Engstlenalp	3	1837 m		★★★★★
Grimselpass (› Wallis) ****	2	2165 m		★★★★★
Gurnigel ****	2	1609 m		★★★★★
Hinterarnialp ****	3	1220 m		★★★★★
Jaunpass, Col de Bellegarde ****	2	1511 m		★★★★★
Lüderenalp, Emmental **	2	1144 m		★★★★★
Lushütte	4	1323 m		★★★★★
Meienberg ***	3	1851 m		★★★★★
Oberaarsee Panoramastraße ****	3	2303 m		★★★★★
Pillon, Col du (› Westschweiz) ***	2	1546 m		★★★★★
Rotmoos *****	3	1192 m		★★★★★
Saanenmöser ***	1	1279 m		★★★★★
Schallenberg ***	2	1167 m		★★★★★
Scheidegg, Große, Grindelwald ****	3	1962 m		★★★★★
Schwarzenbühl ***	2	1547 m		★★★★★
Schwarzwaldalp **	2	1467 m		★★★★★
Steingletscher, Sustenpass ***	3	2080 m		★★★★★
Usserchapf **	2	1043 m		★★★★★
				★★★★★
				★★★★★

WALLIS

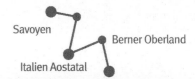

Savoyen

Berner Oberland

Italien Aostatal

			DATUM	EIGENE WERTUNG				
				1.0	2.0	3.0	4.0	5.0
Anniviers, Val d' ***	3	1675 m		★	★	★	★	★
Bagnes, Val de ****	3	1840 m		★	★	★	★	★
Balme, Col de (› Frankreich)	4	2204 m		★	★	★	★	★
Blatten	2	1770 m		★	★	★	★	★
Champex ***	2	1498 m		★	★	★	★	★
Chandolin	2	1920 m		★	★	★	★	★
Croix de Coeur ***	4	2174 m		★	★	★	★	★
Derborence, Lac de ***	3	1449 m		★	★	★	★	★
Eison, Tsalet d (Sperrung prüfen)	4	2367 m		★	★	★	★	★
Essertse ***	3	2191 m		★	★	★	★	★
Ferpècle, Val de, Sion ****	3	1828 m		★	★	★	★	★
Feselalp, Obere *****	3	2210 m		★	★	★	★	★
Forclaz, Col de la ***	2	1527 m		★	★	★	★	★
Frid, Alpe	3	1889 m		★	★	★	★	★
Furggen (Sperrung prüfen) ****	4	2451 m		★	★	★	★	★
Grand Saint-Bernard, Col du (› Italien.) ****	3	2467 m		★	★	★	★	★
Grimselpass ****	2	2165 m		★	★	★	★	★
Gueulaz, Col de la ****	2	1960 m		★	★	★	★	★
Hérémence, Val d' *****	2-3	2141 m		★	★	★	★	★
Hohlicht ****	3	2130 m		★	★	★	★	★
L'Arpetta *	4	2286 m		★	★	★	★	★
Lein, Col du ***	3	1658 m		★	★	★	★	★
Lötschental**	3	1763 m		★	★	★	★	★
Mattmarksee ****	2	2197 m		★	★	★	★	★
Moiry, Lac de ****	2-3	2249 m		★	★	★	★	★
Moosalp ****	3	2048 m		★	★	★	★	★

WALLIS

▲		◔	♒	DATUM	EIGENE WERTUNG				
					1.0	2.0	3.0	4.0	5.0
Orchèra *	3	2098 m		★★★★★
Planches, Col des ***	3	1411 m		★★★★★
Rosswald ***	3	1870 m		★★★★★
Saas Fee ***	2	1790 m		★★★★★
Sanetsch, Col du ***	3	2252 m		★★★★★
Savoleyres **	4	2354 m		★★★★★
Sénin, Lac de ***	3	2032 m		★★★★★
Simplonpass ***	2	2005 m		★★★★★
Täschalm, Mattertal (Endpunkt Richtung Zermatt)	2	1449 m		★★★★★
Thyon 2000 ***	2	2050 m		★★★★★
Torrentalp *	3	1919 m		★★★★★
Tronc, Col du ***	4	1606 m		★★★★★
Tseuzier, Lac de ***	3	1777 m		★★★★★
Turtmanntal ***	3	1901 m		★★★★★
Val Ferret ***	4	2071 m		★★★★★
				★★★★★
				★★★★★

SCHWEIZ

Col du Grand Saint Bernard, Wallis
Schweiz
Foto: Robert Imbrich

TESSIN

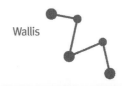

			DATUM	EIGENE WERTUNG				
				1.0	2.0	3.0	4.0	5.0
Arosio ***	2	859 m		⭐	⭐	⭐	⭐	⭐
Carassino, Val di ***	3	1860 m		⭐	⭐	⭐	⭐	⭐
Cava, Alpe di ****	4	2005 m		⭐	⭐	⭐	⭐	⭐
Fieud, Alpe di (zeitweise gesperrt) ****	3	1883 m		⭐	⭐	⭐	⭐	⭐
Lukmanierpass ***	1	1916 m		⭐	⭐	⭐	⭐	⭐
Luzzone, Lago di ***	3	1613 m		⭐	⭐	⭐	⭐	⭐
Monte Ceneri, Passo (Lago Maggioret) ***	2	554 m		⭐	⭐	⭐	⭐	⭐
Naret, Lago del (Sperrung prüfen) ****	3	2310 m		⭐	⭐	⭐	⭐	⭐
Néggia, Alpe di ****	3	1395 m		⭐	⭐	⭐	⭐	⭐
Nufenenpass (> Wallis) ****	3	2478 m		⭐	⭐	⭐	⭐	⭐
Ritom, Lago	3	1917 m		⭐	⭐	⭐	⭐	⭐
Rosso di Fuori (Alphütte)	3	2128 m		⭐	⭐	⭐	⭐	⭐
Sambuco, Lago del **	3	1435 m		⭐	⭐	⭐	⭐	⭐
San Jorio, Passo (Sperrung prüfen) ***	5	2012 m		⭐	⭐	⭐	⭐	⭐
St.-Gotthard-Pass ****	3	2091 m		⭐	⭐	⭐	⭐	⭐
Tamaro-Hütte **	4	1867 m		⭐	⭐	⭐	⭐	⭐
				⭐	⭐	⭐	⭐	⭐
				⭐	⭐	⭐	⭐	⭐

Malin Head,
Co. Donegal, Nordirland
Foto: Stefan Heinzl

Westschweiz · Ostschweiz

INNER**SCHWEIZ**

⛰		🕐	📍	DATUM	EIGENE WERTUNG
					1.0 2.0 3.0 4.0 5.0
⚠	Ächerlipass ***	3	1398 m		★★★★★
⚠ 🚧	Aelggi-Alp ***	3	1660 m		★★★★★
⚠	Chatzenstrick ***	3	1053 m		★★★★★
	Etzelpass, Schwyz ****	2	950 m		★★★★★
	Furkapass ****	2	2431 m		★★★★★
	Glaubenbergpass ***	3	1543 m		★★★★★
	Glaubenbüelenpass ****	2	1611 m		★★★★★
🚧	Göscheneralpsee ****	3	1792 m		★★★★★
	Gottschalkenberg	3	1162 m		★★★★★
🚧	Haggenegg	2	1381 m		★★★★★
⚠ 🚧	Hilferenpass	4	1291 m		★★★★★
	Ibergeregg ****	3	1406 m		★★★★★
	Kistenpass **	2	975 m		★★★★★
	Klausenpass ****	2	1948 m		★★★★★
	Lobenalp ****	2	959 m		★★★★★
🚧	Melchsee-Frutt ***	2	1920 m		★★★★★
	Michaelskreuz ****	2	772 m		★★★★★
	Oberalppass (> Ostschweiz) ****	2	2044 m		★★★★★
⚠	Pragelpass (Wochenenden gesperrt) ***	3	1548 m		★★★★★
	Ratenpass ***	3	1077 m		★★★★★
	Sattelegg ***	3	1190 m		★★★★★
	Sattelpass (Schwyz) **	2	932 m		★★★★★
	Schöllenen-Schlucht ***	3	1385 m		★★★★★
	Sustenpass ****	2	2224 m		★★★★★
	Tänndlichrüz **	2	1013 m		★★★★★
	Zugerberg (Wochenenden gesperrt) **	3	943 m		★★★★★

SCHWEIZ

OSTSCHWEIZ

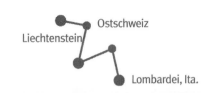
Liechtenstein — Ostschweiz
Lombardei, Ita.

	🏔		🕐	🚏	DATUM	EIGENE WERTUNG
						1.0 2.0 3.0 4.0 5.0
⚠🚏	Albertüsc, Alp ***	4	2089 m			★★★★★
	Albulapass ****	3	2322 m			★★★★★
⚠🚏	Aurafreida ***	3	2160 m			★★★★★
	Berninapass ****	2	2330 m			★★★★★
🚏	Calfeisental ***	2	1250 m			★★★★★
🚫⚠	Calmut, Piz (Sperrung prüfen) **	4	2311 m			★★★★★
⚠🚏	Champatsch, Alp (Sperrung prüfen) **	3	2136 m			★★★★★
	Chellen ***	2	1104 m			★★★★★
🚏	Dürrboden, Davos	2	2007 m			★★★★★
MAUT🚏	Fideriser Heuberg	3	2000 m			★★★★★
⚠MAUT🚏	Flix, Alp, Julierpass	3	1970 m			★★★★★
	Flüelapass ***	2	2383 m			★★★★★
🚏	Glaspass ****	3	1846 m			★★★★★
	Hulftegg ****	3	953 m			★★★★★
🚏	Innerarosa ***	3	1894 m			★★★★★
🚏	Juf, Averser Tal ****	3	2126 m			★★★★★
	Julierpass ****	2	2284 m			★★★★★
🚏	Kamm, Tschugga ***	3	1711 m			★★★★★
	Kerenzerberg ***	1	743 m			★★★★★
	Kubelboden **	2	862 m			★★★★★
⚠MAUT	Kunkelspass ****	3	1357 m			★★★★★
🚏	Lei, Lago di ***	2	1931 m			★★★★★
	Lenzerheidepass **	2	1547 m			★★★★★
	Livigno, Forcola di (> Lombardei, Ita.) ***	2	ZOLL DOGANA	2310 m		★★★★★
	Malojapass (> Italien) ***	2	ZOLL DOGANA	1815 m		★★★★★
	Oberalppass ****	2	2044 m			★★★★★

OSTSCHWEIZ

⛰		🏁	🪧	DATUM	EIGENE WERTUNG				
					1.0	2.0	3.0	4.0	5.0
Obermutten **	3	1860 m			★	★	★	★	★
Ofenpass ***	2	2151 m			★	★	★	★	★
Osterbüel ***	2	1068 m			★	★	★	★	★
Ova Spin ***	3	1889 m			★	★	★	★	★
Partnun *****	2	1777 m			★	★	★	★	★
Resspass (Sondergenehmigung erforderlich)***	3	1310 m			★	★	★	★	★
Ricken **	1	806 m			★	★	★	★	★
Ruppenpass ***	2	1003 m			★	★	★	★	★
S-Charl, Val ***	3	1810 m			★	★	★	★	★
Samnaun ***	3	1840 m			★	★	★	★	★
San Bernardino, Passo del ****	3	2065 m			★	★	★	★	★
Sankt Anton ****	2	1110 m			★	★	★	★	★
Schamserberg ***	3	2274 m			★	★	★	★	★
Schlappin **	3	1658 m			★	★	★	★	★
Schwägalppass ***	3	1278 m			★	★	★	★	★
Schwammhöchi ***	3	1100 m			★	★	★	★	★
Splügenpass (› Lombardei, Ita.) ****	3	2114 m			★	★	★	★	★
St. Luzisteig (› Liechtenstein) **	2	713 m			★	★	★	★	★
Stelser Berg **	3	1659 m			★	★	★	★	★
Teufenberg ***	2	1066 m			★	★	★	★	★
Tomülpass (Sperrung prüfen) *****	5	2450 m			★	★	★	★	★
Umbrailpass (› Lombardei, Ita.) ****	3	2502 m			★	★	★	★	★
Via Mala ****	3	850 m			★	★	★	★	★
Wasserfluh ***	3	848 m			★	★	★	★	★
Wolfgangpass ****	2	1631 m			★	★	★	★	★
Zervreilasee ***	2	1868 m			★	★	★	★	★

SCHWEIZ

WEST**SCHWEIZ**

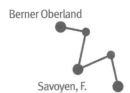

Berner Oberland

Savoyen, F.

				DATUM	EIGENE WERTUNG
					1.0 2.0 3.0 4.0 5.0
⊖	Agites, Les (Wochenende befahrbar) ****	3	1525 m		★★★★★
🚂	Chaude, Col de	3	1621 m		★★★★★
	Croix, Col de la ***	2	1778 m		★★★★★
⚠	Culet, Portes de **	3	1787 m		★★★★★
⚠⚠🚂	Le Martenau *	3	1700 m		★★★★★
	Morgins, Pas de (› Savoyen, F.) ***	3	1369 m		★★★★★
	Mosses, Col des ***	2	1445 m		★★★★★
	Pierre du Moëlle ****	2	1661 m		★★★★★
	Pillon, Col du (› Berner Oberland) ***	2	1546 m		★★★★★
⚠🚂	Tanay, Col de ****	4 🛂	1440 m		★★★★★
⛰					★★★★★
⛰					★★★★★

X
Tiefenbachferner,
Ötztaler Gletscherstraße
Österreich/Tirol
Foto: Robert Imbrich

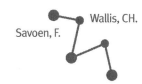

Savoen, F.

Wallis, CH.

AOSTATAL

				DATUM	EIGENE WERTUNG				
					1.0	2.0	3.0	4.0	5.0
	Arlaz, Col d'	3	1027 m		★	★	★	★	★
🛖	Arnouvaz ****	3	1769 m		★	★	★	★	★
⛔🏔️⛰️🛖	Bontadini-Lift (Bergstation) (Sperrung prüfen) ***	5	3332 m		★	★	★	★	★
🏔️🛖	Champorcher, Valle di	3	2100 m		★	★	★	★	★
🛖	Château ***	2	2126 m		★	★	★	★	★
⛔🏔️🛖	Chaz-Dura (Sperrung prüfen) *	4	2579 m		★	★	★	★	★
🛖	Gimillian ****	3	1787 m		★	★	★	★	★
⛔🏔️⛰️🛖	Goillet, Lago (Sperrung prüfen) *****	4	2516 m		★	★	★	★	★
	Grand Saint-Bernard, Col du (> Wallis, CH) ****	3	(ZOLL DOUANE) 2467 m		★	★	★	★	★
	Grisenche, Val ***	3	1785 m		★	★	★	★	★
	Joux, Colle di ****	3	1640 m		★	★	★	★	★
🏔️⛰️🛖	Menovy, Vallon de (Sperrung prüfen) ****	4	2426 m		★	★	★	★	★
⛔🏔️⛰️🛖	Orionde, Rifugio (Sperrung prüfen)	5	2802 m		★	★	★	★	★
	Petit-Saint-Bernard, Col du (> Savoyen, F.) ***	2	(ZOLL DOUANE) 2190 m		★	★	★	★	★
🛖	Place Moulin, Lago di ***	3	1968 m		★	★	★	★	★
🏔️⛰️🛖	Rhêmes, Val di ***	3	1879 m		★	★	★	★	★
⛰️	San Carlo, Colle ***	3	1971 m		★	★	★	★	★
🛖	Savarenche, Val **	2	2050 m		★	★	★	★	★
	St-Pantaléon, Col de ***	3	1645 m		★	★	★	★	★
🛖	Veny, Val (EP) ***	3	2180 m		★	★	★	★	★
	Zuccore, Colle di	3	1616 m		★	★	★	★	★
🏔️					★	★	★	★	★
🏔️					★	★	★	★	★

SCHWEIZ

ITALIEN

LIGURIEN

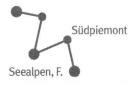

Südpiemont

Seealpen, F.

			DATUM	EIGENE WERTUNG				
				1.0	2.0	3.0	4.0	5.0
Bertrand, Col, Ligurische Grenzkammstraße ***	4	1960 m		★	★	★	★	★
Cane, Passo del	4	596 m		★	★	★	★	★
Caprauna, Colle di ***	3	1379 m		★	★	★	★	★
Collardente, Passo di (› Seealpen, F.) ****	4	1599 m		★	★	★	★	★
Colletta, Passo della ***	3	1623 m		★	★	★	★	★
Conio, Passo di	2	1023 m		★	★	★	★	★
Domenica, Colla	4	947 m		★	★	★	★	★
Dubasso, Monte (› Südpiemont) *	4	1538 m		★	★	★	★	★
Faudo, Monte **	4	1149 m		★	★	★	★	★
Garezzo, Colle del ****	4	1767 m		★	★	★	★	★
Ghimbegna, Passo ***	3	896 m		★	★	★	★	★
Giovetti, Colle dei	3	912 m		★	★	★	★	★
Giustenice, Giogo di	4	1143 m		★	★	★	★	★
Gouta, Sella di ****	4	1219 m		★	★	★	★	★
Guardia, Passo della ***	4	1461 m		★	★	★	★	★
Langan, Colla di ****	3	1044 m		★	★	★	★	★
Madonna del Monte	4	1178 m		★	★	★	★	★
Madonna della Neve	2	980 m		★	★	★	★	★
Melogno, Colle di ****	3	1028 m		★	★	★	★	★
Melosa, Colla ***	3	1545 m		★	★	★	★	★
Mezzaluna, Passo della **	4	1454 m		★	★	★	★	★
Muratone, Passo del (Sperrung prüfen) ***	4	1161 m		★	★	★	★	★
Nava, Colle di ***	1	963 m		★	★	★	★	★
Oggia, Colla d'	2	1167 m		★	★	★	★	★
Onzo, Colla d'	3	839 m		★	★	★	★	★
Praesto, Croce di	2	1513 m		★	★	★	★	★

LIGURIEN

			DATUM	EIGENE WERTUNG				
				1.0	2.0	3.0	4.0	5.0
Prale, Passo di	3	1258 m		★	★	★	★	★
Prione, Colle del	4	1309 m		★	★	★	★	★
Redentore, Monumento al ***	3	2164 m		★	★	★	★	★
Saccarello, Monte ***	4	2200 m		★	★	★	★	★
San Bartolomeo, Colle ****	3	610 m		★	★	★	★	★
San Bernardo, Colla *	3	1263 m		★	★	★	★	★
Sanson, Colla di (> Seealpen, F.) ***	4 ⊙ZOLL DOUANE	1694 m		★	★	★	★	★
Scravaion, Colle *	3	814 m		★	★	★	★	★
Serro, Colla	3	1097 m		★	★	★	★	★
Tanarello, Passo di (> Seealpen, F.) ****	4 ⊙ZOLL DOUANE	2045 m		★	★	★	★	★
Teglia, Passo della ****	3	1387 m		★	★	★	★	★
Toirano, Giogo di	3	807 m		★	★	★	★	★
Vellago Ginestro, Passo di	3	677 m		★	★	★	★	★
				★	★	★	★	★
				★	★	★	★	★

Col d' Agnel,
Haute Dauphine
Frankreich
Foto: Marco Joerg

ITALIEN

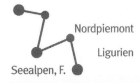
SÜDPIEMONT

Nordpiemont
Ligurien
Seealpen, F.

		🌡	DATUM	🏔 EIGENE WERTUNG
				1.0 2.0 3.0 4.0 5.0
Agnel, Col d' (> Hochdauphine, F.) ****	3 ⊙ ZOLL DOUANE	2744 m		★★★★★
Ajet, Bassa d' (Varaita-Maira-Kammstraße) **	4	2310 m		★★★★★
Ancoccia, Colle d' (Sperrung prüfen) ***	5	2533 m		★★★★★
Argentiera, Valle ****	4	2410 m		★★★★★
Arguel, Alpe d' *	3	1962 m		★★★★★
Assietta, Colle dell' (Sperrung prüfen) ****	4	2472 m		★★★★★
Bandia, Colle (Sperrung prüfen) ****	4	2408 m		★★★★★
Basset, Col (Sperrung prüfen) ****	4	2595 m		★★★★★
Basset, Colle, Assietta-Kammstr. (Sperrung prüfen) ****	4	2424 m		★★★★★
Bercia, Colle ****	3	2293 m		★★★★★
Bicocca, Colle della ****	4	2285 m		★★★★★
Birrone, Colle del ****	3	1700 m		★★★★★
Blegier, Colle (Sperrung prüfen) ***	4	2381 m		★★★★★
Boaire, Col de la (> Seealpen, F.) ****	5 ⊙ ZOLL DOUANE	2102 m		★★★★★
Bourget, Colle Assietta-Kammstr. (Sperrung prüf.) ****	4	2299 m		★★★★★
Bousson, Col de (Sperrung prüfen) ***	4	2154 m		★★★★★
Braida, Colle ***	3	1007 m		★★★★★
Caccia, Colle di ***	3	1840 m		★★★★★
Campo, Saret del (Sperrung prüfen) **	3	2069 m		★★★★★
Canosio, Collenetto di (Sperrung prüfen) ***	4	1650 m		★★★★★
Caprauna, Colle di ***	3	1379 m		★★★★★
Casotto, Colle di **	3	1323 m		★★★★★
Cavallo, Punta del **	5	2290 m		★★★★★
Central, Fort ***	4	1925 m		★★★★★
Chabaud, Col de (Sperrung prüfen) ****	5	2213 m		★★★★★
Ciabra, Colle della	3	1723 m		★★★★★

SÜDPIEMONT

			DATUM	EIGENE WERTUNG				
	⛰	☂		1.0	2.0	3.0	4.0	5.0
Cialancia, Conca (Sperrung prüfen) ****	4	2450 m		⭐	⭐	⭐	⭐	⭐
Ciarbonet, Colle **	5	2290 m		⭐	⭐	⭐	⭐	⭐
Cologna, Colle (Maira-Stura-Kammstraße) ***	4	2394 m		⭐	⭐	⭐	⭐	⭐
Colombardo, Col del ****	4	1889 m		⭐	⭐	⭐	⭐	⭐
Colomion, Punta ***	4	2054 m		⭐	⭐	⭐	⭐	⭐
Combe, Alpe ***	4	1812 m		⭐	⭐	⭐	⭐	⭐
Cotolivier, Monte ***	4	2105 m		⭐	⭐	⭐	⭐	⭐
Cumiana, Colletta di	2	623 m		⭐	⭐	⭐	⭐	⭐
Dubasso, Monte *	4	1538 m		⭐	⭐	⭐	⭐	⭐
Elva, Vallone d' ****	3	1150 m		⭐	⭐	⭐	⭐	⭐
Esischie, Colle d' ****	3	2451 m		⭐	⭐	⭐	⭐	⭐
Finestre, Colle delle ***	4	2176 m		⭐	⭐	⭐	⭐	⭐
Foens, Forte ****	4	2208 m		⭐	⭐	⭐	⭐	⭐
Fréjus, Col du (Sperrung prüfen) ****	4	2542 m		⭐	⭐	⭐	⭐	⭐
Gardetta, Passo della (Sperrung prüfen) ****	5	2437 m		⭐	⭐	⭐	⭐	⭐
Genevris, Monte (Sperrung prüfen) ****	4	2536 m		⭐	⭐	⭐	⭐	⭐
Gilba, Colle del ***	5	1528 m		⭐	⭐	⭐	⭐	⭐
Gimont, Col de (Sperrung prüfen) ***	4	2367 m		⭐	⭐	⭐	⭐	⭐
Gran Serin (Sperrung prüfen) ****	5	2589 m		⭐	⭐	⭐	⭐	⭐
Jafferau, Monte (Sperrung prüfen) ****	4	2801 m		⭐	⭐	⭐	⭐	⭐
La Colletta ***	5	2837 m		⭐	⭐	⭐	⭐	⭐
Larche, Col de (› Hochprovence, F.) ***	2	1997 m		⭐	⭐	⭐	⭐	⭐
Laus, Coletto di (Sperrung prüfen) ****	5	1948 m		⭐	⭐	⭐	⭐	⭐
Lauson, Colle di (Sperrung prüfen) ****	4	2497 m		⭐	⭐	⭐	⭐	⭐
Lauson, Lago	3	2011 m		⭐	⭐	⭐	⭐	⭐
Lis, Colle de **	3	1308 m		⭐	⭐	⭐	⭐	⭐

 SÜD**PIEMONT**

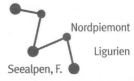
▲			DATUM	EIGENE WERTUNG
				1.0 2.0 3.0 4.0 5.0
Lombarde, Col de la (> Seealpen, F.) ****	3 ⊙ZOLL	2351 m		★★★★★
Madonna del Colletto ***	2	1306 m		★★★★★
Malciaussiá, Lago di	3	1853 m		★★★★★
Mares, Cima	4	1550 m		★★★★★
Margherina, Colle	4	2420 m		★★★★★
Maurin, Col de (> Hochdauphine, F.) ****	5 ⊙ZOLL	2637 m		★★★★★
Melle, Colle di ***	3	1843 m		★★★★★
Montoso *****	3	1278 m		★★★★★
Morti, Colle dei ****	3	2481 m		★★★★★
Mulo, Colle del (Sperrung prüfen) ***	4	2527 m		★★★★★
Nero, Lago ***	4	2014 m		★★★★★
Nivolet, Colle del (Sperrung prüfen) ****	3	2612 m		★★★★★
Perascritta, Colle di	4	2154 m		★★★★★
Perla, Colle di (> Seealpen, F.) ***	4 ⊙ZOLL	2086 m		★★★★★
Pian Fum, Colle	4	1999 m		★★★★★
Pian Gelassa ***	3	1529 m		★★★★★
Pramand, Monte ***	4	2162 m		★★★★★
Preit, Colle del ****	3	2083 m		★★★★★
Prete, Colle del **	5	1716 m		★★★★★
Puazzo, Colle	3	1112 m		★★★★★
Rastcias, Colle ***	5	2176 m		★★★★★
Re, Pian del ***	3	2020 m		★★★★★
Rey, Rifúgio ***	5	1761 m		★★★★★
Rionda, Colle della	3	989 m		★★★★★
Riposa, La ***	4	2180 m		★★★★★
Rovina, Vallone della	3	1990 m		★★★★★

SÜD**PIEMONT**

		⏱	☷	DATUM	🏁 EIGENE WERTUNG
					1.0 2.0 3.0 4.0 5.0
	Sampéyre, Colle di ****	3	2282 m		★★★★★
	San Bernardo di Garessio, Colla **	2	975 m		★★★★★
	San Bernardo, Monte	4	1625 m		★★★★★
	Seigneurs, Col des **	4	2111 m		★★★★★
	Selle Vecchie, Colle delle ****	4	2099 m		★★★★★
	Selleries, Rifugio (Sperrung prüfen) ****	3	1919 m		★★★★★
	Sestriere, Colle di ***	3	2035 m		★★★★★
	Sommeiller, Colle (Sperrung prüfen) ****	4	2995 m		★★★★★
	Teleccio, Lago di	3	1971 m		★★★★★
	Tenda, Colle di ****	4	1870 m		★★★★★
	Termini, Colle dei **	4	2010 m		★★★★★
	Vaccera, Colle della ***	4	1461 m		★★★★★
	Valanza, Rifugio **	4	1748 m		★★★★★
	Valcavera, Colle (Sperrung prüfen) ****	3	2421 m		★★★★★
	Valmala, Colletto di ***	3	1534 m		★★★★★
	Valscura, Lago di (Sperrung prüfen) *****	4	2274 m		★★★★★
					★★★★★
					★★★★★

✗
**Col de Madeleine
Haute Savoie
Frankreich**
Foto: Marco Joerg

 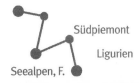

NORDPIEMONT

Südpiemont
Ligurien
Seealpen, F.

			🏁	🪧	DATUM	🐾 EIGENE WERTUNG				
						1.0	2.0	3.0	4.0	5.0
⚠	⛰	Azzara, Colle l' (Sperrung prüfen) ***	5	1595 m		★	★	★	★	★
	⛓	Campliccioli, Lago di **	3	1352 m		★	★	★	★	★
		Caulera, Bocchetta di ****	3	1080 m		★	★	★	★	★
	⛓	Chéggio, Alpe *	3	1510 m		★	★	★	★	★
⚠	⛓	Colle del Ranghetto	4	1272 m		★	★	★	★	★
⚠	⛰	Colma, Colle della ****	3	1489 m		★	★	★	★	★
		Colma, Passo della **	3	942 m		★	★	★	★	★
		Druogno ****	2	842 m		★	★	★	★	★
		Il Colle ***	3	1238 m		★	★	★	★	★
		Margosio, Bocchetta di ****	3	1332 m		★	★	★	★	★
	⛓	Morasco, Lago di ***	3	1812 m		★	★	★	★	★
MAUT	⛓	Mottarone, Monte *****	3	1436 m		★	★	★	★	★
		Noveis, Alpe di ***	3	1125 m		★	★	★	★	★
⚠		Sale, Piano di **	3	941 m		★	★	★	★	★
		Séssera, Bocchetta di ****	3	1382 m		★	★	★	★	★
⚠	⛓	Turlo, Massa del **	4	1847 m		★	★	★	★	★
⛰						★	★	★	★	★
⛰						★	★	★	★	★

Mount Ventoux
Haute Provence
Frankreich
Foto: Edgar Joerg

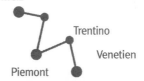 
Schweiz
Trentino
Venetien
Piemont

LOMBARDEI

		🏔	🕐	🚏	DATUM	🗺 EIGENE WERTUNG
						1.0 2.0 3.0 4.0 5.0
		Agueglio, Passo ***	2	1143 m		⭐⭐⭐⭐⭐
⚠ 🚧		Alpe Gera, Lago di ***	3	2024 m		⭐⭐⭐⭐⭐
		Aprica, Passo dell' **	2	1176 m		⭐⭐⭐⭐⭐
⚠		Bala, Giogo della ***	3	2129 m		⭐⭐⭐⭐⭐
⚠		Berga, Passo della ***	4	1525 m		⭐⭐⭐⭐⭐
		Bialíso, Colle di **	2	728 m		⭐⭐⭐⭐⭐
		Brasa, Forra del	3	320 m		⭐⭐⭐⭐⭐
		Cadino, Goletto di ***	3	1938 m		⭐⭐⭐⭐⭐
⚠ 🚧		Campolungo, Passo	3	2167 m		⭐⭐⭐⭐⭐
⚠		Cavacca, Sella **	3	1102 m		⭐⭐⭐⭐⭐
		Cavallino della Fobbia, Passo del ***	3	1090 m		⭐⭐⭐⭐⭐
🚧		Colmo, Monte **	3	1850 m		⭐⭐⭐⭐⭐
⚠		Croce Domini, Passo di ***	3	1892 m		⭐⭐⭐⭐⭐
		Crocetta, Passo della ***	3	1267 m		⭐⭐⭐⭐⭐
		Crocette, Goletto delle ***	3	2070 m		⭐⭐⭐⭐⭐
⛔ ⚠ ⚠		Dordona, Passo di (Sperrung prüfen) ****	4	2063 m		⭐⭐⭐⭐⭐
⚠		Dosso Alto, Passo del ****	4	1725 m		⭐⭐⭐⭐⭐
⛔ ⚠ ⚠		Eira, Passo d' ***	3	2208 m		⭐⭐⭐⭐⭐
⚠		Erè, Passo d' **	4	1131 m		⭐⭐⭐⭐⭐
⚠		Foppa, Passo della (Mortirolo)****	3	1852 m		⭐⭐⭐⭐⭐
		Forcora, Passo di ***	3	1176 m		⭐⭐⭐⭐⭐
		Foscagno, Passo di (› Livigno, Ostschweiz) ***	3 🛂	2292 m		⭐⭐⭐⭐⭐
⛔ ⚠ 🚧		Fraele, Passo di (Sperrung prüfen) ***	3	1952 m		⭐⭐⭐⭐⭐
		Gallo, Colle del **	3	763 m		⭐⭐⭐⭐⭐
		Gaver, Goletto ***	3	1795 m		⭐⭐⭐⭐⭐
⚠		Gàvia, Passo di ****	3	2618 m		⭐⭐⭐⭐⭐

ITALIEN

LOMBARDEI

Schweiz

Trentino

Venetien

Piemont

	⛰	⏱	📍	DATUM	EIGENE WERTUNG 1.0 2.0 3.0 4.0 5.0
🏔	Giumello, Alpe ***	3	1560 m		★★★★★
⚠	Guspessa, Passo di ***	3	1824 m		★★★★★
⚠	Legnoncino, Monte (Sperrung prüfen) **	5	1714 m		★★★★★
	Livigno, Forcola di (> Ostschweiz)***	2	⊙ ZOLL DOUANE 2310 m		★★★★★
	Maddalena, Monte	3	874 m		★★★★★
⚠	Maniva, Giogo del ****	3	1664 m		★★★★★
	Marè, Passo del ***	3	1418 m		★★★★★
	Marmentino, Pass o di **	3	954 m		★★★★★
	Olino, Forcella di	3	1158 m		★★★★★
	Presolana, Passo della ***	3	1297 m		★★★★★
	Rosello, Monte **	4	1900 m		★★★★★
	Sálven, Croce di **	3	1108 m		★★★★★
	San Cristina, Passo di	3	1437 m		★★★★★
🏔	San Fermo *	3	1067 m		★★★★★
	San Fermo, Colli di ****	3	1197 m		★★★★★
	San Marco, Passo di ****	3	1985 m		★★★★★
	San Pietro, Culmine ***	3	1243 m		★★★★★
⚠ 🏔	San Primo, Monte	3	1204 m		★★★★★
	San Rocco, Passo ****	2	946 m		★★★★★
	San Zeno, Colle **	3	1418 m		★★★★★
	Sant' Eusébio, Colle	2	574 m		★★★★★
🏔	Sighignola, Monte ***	3	1314 m		★★★★★
	Sormano, Colma di	3	1121 m		★★★★★
	Spina, Passo della ****	3	1521 m		★★★★★
	Splügenpass (> Ostschweiz) ****	3	⊙ ZOLL DOUANE 2114 m		★★★★★
⚠ 🏔	Torri di Fraele, Passo ****	3	1941 m		★★★★★

LOMBARDEI

 ▲		🎛	🪧	DATUM	EIGENE WERTUNG
					1.0 2.0 3.0 4.0 5.0
Tre Términi, Passo **	2		701 m		★★★★★
Umbrailpass (› Ostschweiz) ****	3	ZOLL DOUANE	2502 m		★★★★★
🚻 Val Bighera, Col Carette di ***	3		2104 m		★★★★★
⊖⚠🚻 Val Viola Bormina, Lago di (Sperrung prüfen) *****	5		2267 m		★★★★★
Valpiana, Forcella di **	2		1039 m		★★★★★
Vivione, Passo del ****	3		1828 m		★★★★★
Zambla, Passo di ***	3		1264 m		★★★★★
▲					★★★★★
▲					★★★★★

✘
Col de Rousset
Vercors
Frankreich
Foto: Edgar Joerg

DOLOMITEN

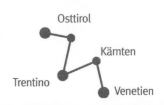

Osttirol
Kärnten
Trentino
Venetien

		⏱	🚩	DATUM	EIGENE WERTUNG
					1.0 2.0 3.0 4.0 5.0
	Aurine, Forcella ***	3	1299 m		★★★★★
(MAUT) ⊓	Auronzo, Rifugio ***	2	2320 m		★★★★★
⚠ ⊓	Baiòn, Rifugio ***	4	1828 m		★★★★★
	Campolongo, Passo di ***	2	1875 m		★★★★★
⚠ ⚠	Chiandolada, Forcella ****	4	1565 m		★★★★★
	Cibiana, Forcella ***	2	1536 m		★★★★★
	Cimabanche, Passo di **	2	1530 m		★★★★★
⛔ ⚠	Costazza, Passo della (Sperrung prüfen) ****	3	2174 m		★★★★★
	Culac, Sella del ****	3	2018 m		★★★★★
	Duran, Passo ***	2	1601 m		★★★★★
	Falzárego, Passo di ***	2	2110 m		★★★★★
	Fedaia, Passo di ***	2	2057 m		★★★★★
	Franche, Forcella di ***	2	992 m		★★★★★
	Furkelpass ***	3	1789 m		★★★★★
	Giau, Passo di ****	3	2233 m		★★★★★
	Grödner Joch ****	3	2121 m		★★★★★
	Jochgrimm ***	2	1989 m		★★★★★
	Karerpass ***	1	1745 m		★★★★★
	Kofeljoch ***	3	1880 m		★★★★★
⛔ ⚠ ⚠ ⊓	Kronplatz (Sperrung)	4	2277 m		★★★★★
	Lavazzejoch ***	3	1807 m		★★★★★
⛔ ⚠ ⚠ ⊓	Limojoch (Sperrung prüfen) ****	5	2172 m		★★★★★
⛔ ⚠ ⚠ ⊓	Lúsia, Passo di (Sperrung prüfen) ***	4	2055 m		★★★★★
	Misurinapass ***	2	1757 m		★★★★★
	Monte Croce di Comelico, Passo di **	2	1636 m		★★★★★
⚠	Nigerpass ****	3	1688 m		★★★★★

DOLOMITEN

⛰		🕐	🕐	DATUM	EIGENE WERTUNG				
					1.0	2.0	3.0	4.0	5.0
	Panider Sattel **	2	1437 m		★	★	★	★	★
⛔ 🚏	Pescul, Forcella (Sperrung prüfen) *	3	1786 m		★	★	★	★	★
🅼 🚏	Plätzwiese-Sattel ***	2	1993 m		★	★	★	★	★
	Pordoi, Passo ****	2	2239 m		★	★	★	★	★
⛔	Reiterjoch (Sperrung prüfen) ***	3	1996 m		★	★	★	★	★
	Rolle, Passo di ****	2	1984 m		★	★	★	★	★
	San Antonio, Passo ***	3	1489 m		★	★	★	★	★
	San Lugano, Passo **	2	1097 m		★	★	★	★	★
⚠	San Pellegrino, Passo di ***	2	1919 m		★	★	★	★	★
	Santa Lucia, Colle ***	3	1443 m		★	★	★	★	★
	Seiser Alm **	3	1850 m		★	★	★	★	★
	Sellajoch ****	2	2213 m		★	★	★	★	★
	Staulanza, Forcella ***	3	1766 m		★	★	★	★	★
	Toi, Col de ***	2	2246 m		★	★	★	★	★
	Tre Croci, Passo ***	2	1810 m		★	★	★	★	★
	Valles, Passo di ***	2	2013 m		★	★	★	★	★
	Valparola, Passo di ****	2	2192 m		★	★	★	★	★
⚠ 🚏	Vidàl, Col ***	4	1876 m		★	★	★	★	★
	Würzjoch ****	4	2009 m		★	★	★	★	★
🚏	Zanser Alm ***	3	1680 m		★	★	★	★	★
⛰					★	★	★	★	★
⛰					★	★	★	★	★

SÜDTIROL

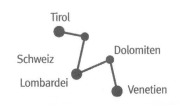

Tirol
Schweiz
Dolomiten
Lombardei
Venetien

		⏱	🪧	DATUM	🏔 EIGENE WERTUNG				
					1.0	2.0	3.0	4.0	5.0
⚠	Baia, Passo della	3	1180 m		★	★	★	★	★
⚠	Bodeneck ***	3	1795 m		★	★	★	★	★
	Brennerpass **	1	1370 m		★	★	★	★	★
	Brezer Joch ***	2	1410 m		★	★	★	★	★
⚠ 🚏	Cinque Torri, Rifúgio ***	3	2137 m		★	★	★	★	★
⚠ ⚠	Enzianhütte, Brennerbad ***	4	1896 m		★	★	★	★	★
	Gampenjoch **	2	1518 m		★	★	★	★	★
	Hofmahdsattel ***	2	1620 m		★	★	★	★	★
⚠	Innicher Eck ****	3	1911 m		★	★	★	★	★
	Jaufenpass ****	3	2104 m		★	★	★	★	★
⚠	Jenesien ***	4	1089 m		★	★	★	★	★
🚏	Knuttental ***	2	1675 m		★	★	★	★	★
⚠	Kreither Sattel **	2	382 m		★	★	★	★	★
🚏	Kurzras ***	2	2014 m		★	★	★	★	★
🚏	Martelltal ****	3	2088 m		★	★	★	★	★
🚏	Melag ***	2	1925 m		★	★	★	★	★
	Mendola, Passo della ***	2	1363 m		★	★	★	★	★
🅼 ⚠ 🚏	Neves, Lago di ****	3	1866 m		★	★	★	★	★
⚠ 🚏	Penegal, Monte ***	3	1737 m		★	★	★	★	★
	Penser Joch ****	3	2211 m		★	★	★	★	★
🚏	Pfossental ****	4	1693 m		★	★	★	★	★
⚠	Pichlerhof ****	3	1720 m		★	★	★	★	★
	Reschenpass ***	1	1519 m		★	★	★	★	★
⚠	Rescher Alm	3	2010 m		★	★	★	★	★
⚠	Rodenecker Alm **	3	1725 m		★	★	★	★	★
	Staller Sattel (› Osttirol, A.) ****	2	🛂 2059 m		★	★	★	★	★

SÜDTIROL

⛰		⏱	🪧	DATUM	🏔 EIGENE WERTUNG				
					1.0	2.0	3.0	4.0	5.0
	Stilfser Joch ****	3	2763 m		★	★	★	★	★
🚧	Suldental ***	2-3	1925 m		★	★	★	★	★
MAUT	Timmelsjoch (› Tirol, A.) ****	2-3	🛃 2509 m		★	★	★	★	★
🚧	Weißbrunner See ***	2-3	1900 m		★	★	★	★	★
🏔					★	★	★	★	★
🏔					★	★	★	★	★

TRENTINO

⛰		⏱	🪧	DATUM	🏔 EIGENE WERTUNG				
					1.0	2.0	3.0	4.0	5.0
	Ampola, Passo dell' **	2	820 m		★	★	★	★	★
	Andalo, Sella di ***	2	1042 m		★	★	★	★	★
⚠	Baia, Passo della	3	1180 m		★	★	★	★	★
	Ballino, Passo del ***	2	764 m		★	★	★	★	★
⚠ ⚠ 🚧	Biaena, Monte (Sperrung prüfen) ***	4	1220 m		★	★	★	★	★
	Bondone, Monte ***	3	1650 m		★	★	★	★	★
	Borcola, Passo della ****	3	1206 m		★	★	★	★	★
	Bordala, Passo ***	3	1255 m		★	★	★	★	★
	Brocon, Passo del ***	3	1616 m		★	★	★	★	★
🚧	Caláita, Lago di	2	1602 m		★	★	★	★	★
	Campo Carlo Magno, Passo ***	2	1681 m		★	★	★	★	★
⛔	Campogrosso, Passo di (Sperrung prüfen) ***	3	1443 m		★	★	★	★	★
⚠	Cereda, Passo di ***	3	1369 m		★	★	★	★	★

TRENTINO

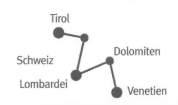

			DATUM	EIGENE WERTUNG
				1.0 2.0 3.0 4.0 5.0
Coe, Passo ***	2	1608 m		★★★★★
Creen, Bocca del, Monte Baldo Höhenstraße ****	3	1617 m		★★★★★
Creina, Passo ****	3	1169 m		★★★★★
Daone, Passo ***	2	1295 m		★★★★★
Duron, Passo ***	2	1039 m		★★★★★
Finonchio, Monte **	3	1602 m		★★★★★
Fontanino di Cellentino	2	1668 m		★★★★★
Forcella, Passo **	2	910 m		★★★★★
Fricca, Passo della ***	3	1132 m		★★★★★
Genova, Val ***	3	1085 m		★★★★★
Gobbera, Passo di ***	2	988 m		★★★★★
Kaiserjägerstraße ***	3	1281 m		★★★★★
Malga Bissina, Lago di ***	3	1780 m		★★★★★
Manghen, Passo del ****	3	2047 m		★★★★★
Mare, Malga ***	3	1972 m		★★★★★
Molveno, Lago di ***	2	1042 m		★★★★★
Monte Ágaro, Passo di ***	3	1589 m		★★★★★
Navene, Bocca di ***	3	1425 m		★★★★★
Novezzia, Caval di ****	3	1553 m		★★★★★
Panarotta, Monte (Sperrung prüfen) **	4	2001 m		★★★★★
Panarotta, Rifúgio **	3	1819 m		★★★★★
Paura, Corno della (Sperrung prüfen) *****	4	1525 m		★★★★★
Péller, Rifúgio (Sperrung prüfen) **	4	2022 m		★★★★★
Pian delle Fugazze, Passo (> Venetien) ****	3	1162 m		★★★★★
Pozza di Cola, Passo ***	3	1289 m		★★★★★
Pozzacchio, Forte ****	4	882 m		★★★★★

TRENTINO

				DATUM	EIGENE WERTUNG				
					1.0	2.0	3.0	4.0	5.0
Pozzi Alti, Forte **	4	1884 m			★	★	★	★	★
Pramadiccio, Passo di ***	3	1431 m			★	★	★	★	★
Predaia, Passo *****	3	1250 m			★	★	★	★	★
Redebus, Passo del **	3	1453 m			★	★	★	★	★
Sommo Alto, Forte (Sperrung prüfen) ****	4	1613 m			★	★	★	★	★
Sommo, Passo del ***	3	1343 m			★	★	★	★	★
Tonale, Passo del **	2	1883 m			★	★	★	★	★
Tovel, Lago di ****	2	1168 m			★	★	★	★	★
Vézzena, Passo di ***	3	1417 m			★	★	★	★	★
Zugna Torta ***	3	1257 m			★	★	★	★	★
Zugna, Monte **	3	1670 m			★	★	★	★	★
					★	★	★	★	★
					★	★	★	★	★

Splügen Pass
Graubünden
Schweiz
Foto: Edgar Joerg

VENETIEN

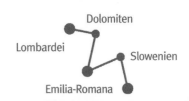

			DATUM	EIGENE WERTUNG				
				1.0	2.0	3.0	4.0	5.0
Avena, Monte	3	1454 m		★ ★ ★ ★ ★				
Beretta, Col della **	3	1448 m		★ ★ ★ ★ ★				
Borcola, Passo della ****	3	1206 m		★ ★ ★ ★ ★				
Branchetto, Passo del	3	1590 m		★ ★ ★ ★ ★				
Campigoletti, Monte	5	2052 m		★ ★ ★ ★ ★				
Campo, Cima di (Sperrung prüfen) **	4	1512 m		★ ★ ★ ★ ★				
Campolongo, Bocchetta di **	4	1536 m		★ ★ ★ ★ ★				
Ciampigotto, Sella ***	3	1790 m		★ ★ ★ ★ ★				
Cimone, Monte *	3	1226 m		★ ★ ★ ★ ★				
Cogolo, Monte (Sperrung prüfen) ****	4	1672 m		★ ★ ★ ★ ★				
Col di Caneva, Passo di (Sperrung prüfen) **	3	1835 m		★ ★ ★ ★ ★				
Croce d'Aune, Passo di ***	3	1011 m		★ ★ ★ ★ ★				
Crosetta, Passo (› Friaul) ****	3	1121 m		★ ★ ★ ★ ★				
Fadalto, Sella di	3	489 m		★ ★ ★ ★ ★				
Fittanze della Sega, Passo ****	3	1399 m		★ ★ ★ ★ ★				
Grappa, Monte ****	2	1745 m		★ ★ ★ ★ ★				
Lan, Cima di ***	4	1252 m		★ ★ ★ ★ ★				
Lavardet, Forcella (Sperrung prüfen) ****	4	1542 m		★ ★ ★ ★ ★				
Lisser, Monte ***	3	1634 m		★ ★ ★ ★ ★				
Lozze, Monte (Sperrung prüfen) *	4	1920 m		★ ★ ★ ★ ★				
Manazzo, Porta **	3	1795 m		★ ★ ★ ★ ★				
Máuria, Passo della ****	2	1298 m		★ ★ ★ ★ ★				
Pian delle Fugazze, Passo (› Trentino) ****	3	1162 m		★ ★ ★ ★ ★				
Pizzoc, Monte ***	3	1565 m		★ ★ ★ ★ ★				
Pórtule, Bocchetta (Sperrung prüfen) **	4	1937 m		★ ★ ★ ★ ★				
Razzo, Sella di ***	3	1760 m		★ ★ ★ ★ ★				

VENETIEN

▲		◠	♁	DATUM	🏁 EIGENE WERTUNG				
					1.0	2.0	3.0	4.0	5.0
	Razzo, Sella di ***	2	1760 m		⭐	⭐	⭐	⭐	⭐
	Rioda, Sella di (› Friaul)	3	1800 m		⭐	⭐	⭐	⭐	⭐
	San Boldo, Passo di ****	3	706 m		⭐	⭐	⭐	⭐	⭐
	Sappada, Cima di ***	2	1292 m		⭐	⭐	⭐	⭐	⭐
⚠🚇	Summano, Monte **	3	1252 m		⭐	⭐	⭐	⭐	⭐
⚠⚠	Tomba, Monte **	4	1799 m		⭐	⭐	⭐	⭐	⭐
⛔⚠⚠	Tudaio, Monte (Sperrung prüfen) ****	5	2114 m		⭐	⭐	⭐	⭐	⭐
	Valbona, Passo di **	2	1782 m		⭐	⭐	⭐	⭐	⭐
	Vena, Passo della ***	3	1694 m		⭐	⭐	⭐	⭐	⭐
⚠🚇	Verena, Monte ***	4	2015 m		⭐	⭐	⭐	⭐	⭐
⚠🚇	Visentin, Col ***	4	1764 m		⭐	⭐	⭐	⭐	⭐
🚇	Xetele, Bocca del ****	3	1216 m		⭐	⭐	⭐	⭐	⭐
	Xomo, Passo di ***	3	1058 m		⭐	⭐	⭐	⭐	⭐
	Xon, Passo ***	2	668 m		⭐	⭐	⭐	⭐	⭐
⚠	Zovo, Forcella ***	4	1604 m		⭐	⭐	⭐	⭐	⭐
▲					⭐	⭐	⭐	⭐	⭐
▲					⭐	⭐	⭐	⭐	⭐

ITALIEN

www.stoerlighthouse.co.uk

✕
Stoer Head, North of Lochinver
Sutherland
North West Scotland
Foto: Edgar Joerg

FRIAUL

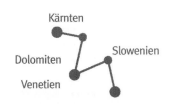

Kärnten
Slowenien
Dolomiten
Venetien

				DATUM	EIGENE WERTUNG				
					1.0	2.0	3.0	4.0	5.0
Bartolosattel *	3	1175 m			★	★	★	★	★
Carnizza, Sella ***	3	1086 m			★	★	★	★	★
Cason di Lanza, Passo del ****	3	1552 m			★	★	★	★	★
Cavallo, Monte ****	3	1280 m			★	★	★	★	★
Cereschiatis, Sella di ***	3	1066 m			★	★	★	★	★
Chiadinis, Malga ****	4	1967 m			★	★	★	★	★
Chiampón, Sella ***	3	790 m			★	★	★	★	★
Chianzutàn, Sella ***	3	954 m			★	★	★	★	★
Cima Corso, Sella di *	2	886 m			★	★	★	★	★
Cimoliana, Val	4	1249 m			★	★	★	★	★
Crosetta, Passo ****	2	1121 m			★	★	★	★	★
Forcella, Passo della ***	4	1824 m			★	★	★	★	★
Forchia, Cuel di ****	3	884 m			★	★	★	★	★
Jouf, Malga *	4	1164 m			★	★	★	★	★
Liûs, Forcella di **	3	1070 m			★	★	★	★	★

FRIAUL

▲			⌀	♁	DATUM	EIGENE WERTUNG
						1.0 2.0 3.0 4.0 5.0
⚠	⊓	Lomsattel	4	1459 m		★★★★★
⚠	⚠	Losa, Malga ***	4	1765 m		★★★★★
		Lumiei, Val ***	2	1020 m		★★★★★
⚠	⊓	Matajur, Monte **	5	1642 m		★★★★★
⚠	⊓	Montásio, Altopiano di **	3	1502 m		★★★★★
		Monte Croce, Passo di **	2	267 m		★★★★★
		Monte Rest, Forcella di ****	2	1052 m		★★★★★
		Naßfeldpass ****	2	1541 m		★★★★★
		Nevea, Sella ***	3	1187 m		★★★★★
		Pala Barzana, Forcella di ***	3	840 m		★★★★★
⚠	⚠	Panoramica delle Vette ****	4	1967 m		★★★★★
⚠	⊓	Paularo, Monte ***	4	1949 m		★★★★★
⚠	⚠	Pieltinis, Malga ***	4	1997 m		★★★★★
		Plöckenpass (› Kärnten, A.) ***	2	🛂 1357 m		★★★★★
⚠	⚠	Polentin, Passo ***	4	1538 m		★★★★★
	⊓	Poludnigalm ***	3	1718 m		★★★★★
⚠	⊓	Pramosio, Malga ***	3	1521 m		★★★★★
		Predil, Passo del ***	3	1156 m		★★★★★
		Priuso, Forcella di ****	2	654 m		★★★★★
		Pura, Passo del ***	3	1425 m		★★★★★
		Rioda, Sella di	3	1800 m		★★★★★
		San Osvaldo, Passo di ***	3	828 m		★★★★★
	⊓	San Simeone, Monte ****	3	1215 m		★★★★★
		Solarji, Sedlo ***	3	925 m		★★★★★
	⊓	Sompdogna, Sella di ****	3	1392 m		★★★★★
		Tanamea, Passo di ***	2	851 m		★★★★★

FRIAUL

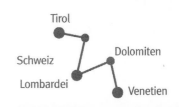

Tirol · Schweiz · Dolomiten · Lombardei · Venetien

				DATUM	EIGENE WERTUNG
					1.0 2.0 3.0 4.0 5.0
	Učja, Sedlo **	3	733 m		★★★★★
	Valcalda, Sella ***	3	958 m		★★★★★
⚠	Zoncolan, Monte ****	3	1730 m		★★★★★
⚠ ⊤	Zoufplan ****	4	2008 m		★★★★★
▲					★★★★★
▲					★★★★★

JULISCHE ALPEN, SLO.

Friaul · Kärnten · Venetien

				DATUM	EIGENE WERTUNG
					1.0 2.0 3.0 4.0 5.0
	Bohinjsko sedlo (Wocheiner Sattel) ***	3	1277 m		★★★★★
	Črni vrh pri Davča **	3	1290 m		★★★★★
⚠ ⊤	Homec, Mali, Planina Predolina ***	4	1259 m		★★★★★
	Kladje ***	2	787 m		★★★★★
🅜 ⚠ ⊤	Klanska Škrbina, Mangartstraße ****	3	2046 m		★★★★★
⊖ ⚠ ⊤	Matajur, Monte (Sperrung prüfen) **	5	1642 m		★★★★★
⚠ ⚠ ⊤	Porezen ***	5	1590 m		★★★★★
	Predil, Passo del ***	3	1156 m		★★★★★
	Solarji, Sedlo ***	3	925 m		★★★★★
	Učja, Sedlo **	3	733 m		★★★★★
⚠ ⊤	Velbnik, Sedlo ****	3	1331 m		★★★★★
	Vrši , Werschetzpass ****	3	1611 m		★★★★★
▲					★★★★★
▲					★★★★★

Kärnten

Friaul

Kroatien

KARA**WANKEN**

			DATUM	EIGENE WERTUNG
				1.0 2.0 3.0 4.0 5.0
Atelsko Sedlo **	3	1317 m		★★★★★
Črni vrh pri Pohorje **	4	1530 m		★★★★★
Črnivec ****	2	902 m		★★★★★
Paulitschsattel **	3	1338 m		★★★★★
Peč Gipfel, Monte Forno	3	1510 m		★★★★★
Peca, Mont **	4	1665 m		★★★★★
Pungart, Vysoko sedlo ***	4	1371 m		★★★★★
Radlpass **	3	674 m		★★★★★
Rogla ***	3	1474 m		★★★★★
Seebergsattel (› Kärnten, A.) ****	3	1208 m		★★★★★
Sleme pri Zavodnje, Spodnje ***	2	1083 m		★★★★★
Spodnje Sleme pri Podolševa ***	3	1254 m		★★★★★
Volovljek **	3	1029 m		★★★★★
Wurzenpass (› Kärnten, A.) ***	3	1071 m		★★★★★
				★★★★★
				★★★★★

ITALIEN

SLOWENIEN

✖
Mummelsee,
Schwarzwald-Hochstraße
Deutschland
Foto: Edgar Joerg

HAUTE **DAUPHINE**

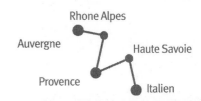

				DATUM	EIGENE WERTUNG				
					1.0	2.0	3.0	4.0	5.0
	Accarias, Col ***	2-3	892 m		★★★★★				
⚠	Agnel, Col d' (> Südpiemont, Ita.)****	2-3 🛂 2744 m			★★★★★				
	Allimas, Col de l'	2-3	1352 m		★★★★★				
⚠ 🚧	Alp, Cabane de l'	3-4	2392 m		★★★★★				
⚠ 🚧	Alpe, Clot de l' *****	4	2361 m		★★★★★				
⚠	Anès, Col d' **	3-4	886 m		★★★★★				
⚠ ⚠ 🚧	Anon, Col d' (Sperrung prüfen) **	4	1891 m		★★★★★				
	Arzelier, Col de l'	2	1154 m		★★★★★				
	Bacchus, Col de	1-2	991 m		★★★★★				
	Banchet, Col du **	2	673 m		★★★★★				
⚠ 🚧	Barteaux, Col de ***	3-4	2371 m		★★★★★				
	Bataille, Col de la, Vercors ****	2-3	1313 m		★★★★★				
	Bayard, Col	1-2	1248 m		★★★★★				
⚠ 🚧	Berche, Col de la	2-3	1267 m		★★★★★				
	Bioux, Col de	2	790 m		★★★★★				
	Boite, Col de la **	2	382 m		★★★★★				
	Bouches, Pas des	2-3	1298 m		★★★★★				
⚠	Boulc, Col de	3	1295 m		★★★★★				
⚠ 🚧	Bourne, Gorges de la, Vercors ***	3	600 m		★★★★★				
⚠ 🚧	Boussière, Pas de	2-3	762 m		★★★★★				
🚧	Bucher, Sommet **	3	2257 m		★★★★★				
	Carri, Col de, Vercors ***	3	1202 m		★★★★★				
⚠	Chal du Santon, Col de la	3	1180 m		★★★★★				
	Chalimont, Col de, Vercors *	2-3	1370 m		★★★★★				
⚠ 🚧	Château Julien, Plateau de	2-3	1540 m		★★★★★				
	Chau, Col de la **	2-3	1337 m		★★★★★				

HAUTE DAUPHINE

▲		◠	ᵀ	DATUM	EIGENE WERTUNG				
					1.0	2.0	3.0	4.0	5.0
	Clausis, Chapelle de	3	2394 m		★	★	★	★	★
	Saint-André-d'Embrun, Col de la **	3-4	1791 m		★	★	★	★	★
	Couniets, Bergerie des **	3-4	2320 m		★	★	★	★	★
	Creys, Col des	2	1090 m		★	★	★	★	★
	Cristillian, Vallon	3	2200 m		★	★	★	★	★
	Croix Bernard, Col de la	2	922 m		★	★	★	★	★
	Croix Chatelar, Col de la	2	1026 m		★	★	★	★	★
	Croix de Bouvante, Col de la	2-3	722 m		★	★	★	★	★
	Croix de la Haute Beaume, Col de la **	2-3	1274 m		★	★	★	★	★
	Croix de Toulouse ***	3-4	1962 m		★	★	★	★	★
	Croix Haute, Col de la ***	1-2	1179 m		★	★	★	★	★
	Croix près Lallet, Col de la	2-3	758 m		★	★	★	★	★
	Croix-Perrin, Col de la *	2-3	1220 m		★	★	★	★	★
	Deux, Col des *	2	1222 m		★	★	★	★	★
	Echarasson, Col de l', Vercors	2-3	1146 m		★	★	★	★	★
	Echelle, Col de l' ***	2-3	1762 m		★	★	★	★	★
	Écouges, Canyon des **	2-3	882 m		★	★	★	★	★
	Enversins, Combe des	3	1389 m		★	★	★	★	★
	Escaliers, Pas des	2-3	1700 m		★	★	★	★	★
	Escreins, Val d'	2-3	1784 m		★	★	★	★	★
	Esparcelet, Col de l'	3	1500 m		★	★	★	★	★
	Fau, Col du	1-2	899 m		★	★	★	★	★
	Faz, Plan du ***	2	1012 m		★	★	★	★	★
	Festre, Col du **	2-3	1441 m		★	★	★	★	★
	Festreaux, Col des	2	1106 m		★	★	★	★	★
	Fraisse, Col de	3	947 m		★	★	★	★	★

SLOVENIEN

FRANKREICH

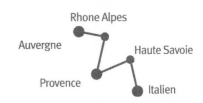

Rhone Alpes

Auvergne

Haute Savoie

Provence

Italien

HAUTE **DAUPHINE**

		⏱	🚏	DATUM	🏁 EIGENE WERTUNG
					1.0 2.0 3.0 4.0 5.0
	Frécou, Pas de *	3	845 m		★★★★★
⚠ 🚧	Furfande, Col de ***	3-4	2500 m		★★★★★
	Galibier, Col du ****	3	2642 m		★★★★★
	Gats, Gorges des **	2	710 m		★★★★★
⚠ 🚧	Gaudissart, Col ****	2-3	840 m		★★★★★
⚠	Geneste, Col de la ***	2-3	1361 m		★★★★★
⚠ ⚠ ⛔	Gimont, Col de (Sperrung prüfen) ***	4	2367 m		★★★★★
🚧	Gleize, Col de *	2-3	1696 m		★★★★★
⛔ ⚠	Granon, Col de (Sperrung prüfen) ***	3-4	2413 m		★★★★★
	Grimone, Col de **	2-3	1318 m		★★★★★
	Guil, Gorges du	2-3	1100 m		★★★★★
	Hérans, Collet d' **	2-3	943 m		★★★★★
	Herbouilly, Col d' **	2-3	1389 m		★★★★★
	Holme, Col de l' **	2	1207 m		★★★★★
	Homme près Corps, Col de l' ****	2-3	1657 m		★★★★★
	Izoard, Col d' ****	2-3	2360 m		★★★★★
	Lautaret, Col du ****	1-2	2057 m		★★★★★
⚠ 🚧	Lauzet, Col du	4	2225 m		★★★★★
	Layé, Col de **	2	925 m		★★★★★
⛔ ⚠ 🚧	Lenlon, Fort de (Sperrung prüfen) ***	3-4	2508 m		★★★★★
🚧	Limouches, Col des *	2-3	1086 m		★★★★★
🚧	Lion, Col du	2-3	1189 m		★★★★★
	Liorin, Col du	2	1226 m		★★★★★
	Machine, Col de la, Vercors ****	2-3	1011 m		★★★★★
🚧	Madame Carle, Pré de	2-3	1874 m		★★★★★
	Malaterre, Col de	2-3	1450 m		★★★★★

HAUTE DAUPHINE

	⛰	⏱	📏	DATUM	EIGENE WERTUNG				
					1.0	2.0	3.0	4.0	5.0
	Malissol, Col de ***	2	1083 m		★	★	★	★	★
	Manse, Col de	2-3	1272 m		★	★	★	★	★
	Margeat, Pas du	2	941 m		★	★	★	★	★
	Marignac, Col de **	2-3	743 m		★	★	★	★	★
⚠	Maupas, Col du	3-4	1124 m		★	★	★	★	★
🚇	Mélezet, Vallon du	3	1967 m		★	★	★	★	★
	Menée, Col de ****	2-3	1399 m		★	★	★	★	★
	Mens, Col de **	2	1111 m		★	★	★	★	★
🚇	Méselier, Col de**	2	534 m		★	★	★	★	★
	Miscon, Col de ***	2-3	1023 m		★	★	★	★	★
	Moissière, Col de	2-3	1573 m		★	★	★	★	★
⚠	Mont Noir, Col du *	3	1421 m		★	★	★	★	★
	Montgenèvre, Col du ***	1-2	1854 m		★	★	★	★	★
	Morte, Col de la ***	2-3	1360 m		★	★	★	★	★
	Nan, Gorges du, Vercors *****	3	700 m		★	★	★	★	★
🚇	Notre-Dame-la-Salette, Sanctuaire ***	2-3	1758 m		★	★	★	★	★
	Noyer, Col du ***	3	1664 m		★	★	★	★	★
⛔⚠🚇	Olive, Fort de l' (Sperrung prüfen) ****	3-4	2239 m		★	★	★	★	★
	Ornon, Col d' ***	2-3	1371 m		★	★	★	★	★
⚠	Parpaillon, Col du ****	3-4	2632 m		★	★	★	★	★
	Parquétout, Col du ****	2-3	1382 m		★	★	★	★	★
🚇	Pierre Grosse, Col de **	2-3	1322 m		★	★	★	★	★
	Pionnier, Col du Tunnel du **	2-3	1038 m		★	★	★	★	★
	Pont, Pas du	1-2	338 m		★	★	★	★	★
	Portette, Col de la *	2	1175 m		★	★	★	★	★
⚠	Pousterle, Col de la	3	1763 m		★	★	★	★	★

HAUTE DAUPHINE

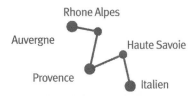

			DATUM	EIGENE WERTUNG
				1.0 2.0 3.0 4.0 5.0
Pra l'Etang, Col de, Vercors ***	3	1252 m		★★★★★
Prayet, Col du	2-3	1197 m		★★★★★
Pré Coquet, Pas du ***	2-3	1234 m		★★★★★
Prés Salés, Col des ***	2-3	1554 m		★★★★★
Proncel, Col de, Vercors **	2	1100 m		★★★★★
Reychasset près Saint-Roman, Col du	2-3	609 m		★★★★★
Rioupes, Col de ***	2	1430 m		★★★★★
Rochilles, Col de (Sperrung prüfen) ***	4	2493 m		★★★★★
Romeyer, Col de *****	3	637 m		★★★★★
Romeyère, Col de ****	2	1074 m		★★★★★
Rousset, Col de, Vercors ***	2-3	1254 m		★★★★★
Royet, Col du	3-4	1150 m		★★★★★
Saint-Alexis, Col de ***	2-3	1222 m		★★★★★
Saint-Genis, Col de, Vercors	2-3	529 m		★★★★★
Samblue, Col de la	3	1474 m		★★★★★
Serpaton, Pas du ***	3-4	1581 m		★★★★★
Sinard, Collet de	1-2	887 m		★★★★★
Solude, Col du ****	3-4	1680 m		★★★★★
St-Sébastien près Mens, Col **	2	983 m		★★★★★
Thaud, Col du **	1-2	882 m		★★★★★
Tourniol, Col de	2-3	1145 m		★★★★★
Toutes Aures près Presles, Col de ***	3	560 m		★★★★★
Valle Stretta *	3	1910 m		★★★★★
Vars, Col de ***	1-2	2111 m		★★★★★
				★★★★★
				★★★★★

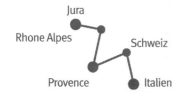

Jura
Rhone Alpes
Schweiz
Provence
Italien

SAVOYEN HAUTE-SAVOIE

			DATUM	EIGENE WERTUNG				
				1.0	2.0	3.0	4.0	5.0
Albanne, Col d' *	3-4	1652 m		☆	☆	☆	☆	☆
Andey, Plateau d'	2-3	1103 m		☆	☆	☆	☆	☆
Annes, Col des	2-3	1724 m		☆	☆	☆	☆	☆
Aravis, Col des ***	2	1486 m		☆	☆	☆	☆	☆
Arces, Col des	2-3	1171 m		☆	☆	☆	☆	☆
Arêches, Cormet d' ****	3	2108 m		☆	☆	☆	☆	☆
Arpettaz, Col de l' ***	3-4	1581 m		☆	☆	☆	☆	☆
Arrondaz, Col d' ***	4	2509 m		☆	☆	☆	☆	☆
Avernaz, Col de l' *	2	1240 m		☆	☆	☆	☆	☆
Ayes, Col des ****	2-3	944 m		☆	☆	☆	☆	☆
Bagna, Punta ***	4	2730 m		☆	☆	☆	☆	☆
Balme, Col de	4	2204 m		☆	☆	☆	☆	☆
Barioz, Col du	2	1023 m		☆	☆	☆	☆	☆
Bassachaux, Col de ***	3	1783 m		☆	☆	☆	☆	☆
Besson, Lac, Alpe d´Huez	2	2080 m		☆	☆	☆	☆	☆
Bisanne, Signal de ***	3	1941 m		☆	☆	☆	☆	☆
Bluffy, Col de *	1-2	679 m		☆	☆	☆	☆	☆
Chalais, Col de	2-3	930 m		☆	☆	☆	☆	☆
Champ-Laurent, Col de	3	1000 m		☆	☆	☆	☆	☆
Chamrousse ***	2-3	1654 m		☆	☆	☆	☆	☆
Chamrousse, Croix de (Sperrung prüfen) ***	3-4	2242 m		☆	☆	☆	☆	☆
Charmette, Col de la **	3-4	1285 m		☆	☆	☆	☆	☆
Châtillon, Crêt de **	2-3	1699 m		☆	☆	☆	☆	☆
Chaussy, Col de ***	3	1532 m		☆	☆	☆	☆	☆
Chérel, Col de (Sperrung prüfen) **	3	1495 m		☆	☆	☆	☆	☆
Clémencières, Col de	2	662 m		☆	☆	☆	☆	☆

HAUTE-**SAVOIE** SAVOYEN

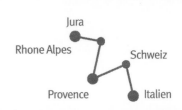

			DATUM	EIGENE WERTUNG				
				1.0	2.0	3.0	4.0	5.0
Clusaz près Entremont-le-Vieux, Col de la ** 2-3		1169 m		★	★	★	★	★
Cluse, Col de la	2-3	1184 m		★	★	★	★	★
Coche près Moûtiers, Col de la **	3	1434 m		★	★	★	★	★
Cochette, Col de la	2-3	587 m		★	★	★	★	★
Collet, Col du ***	2-3	1390 m		★	★	★	★	★
Colombière, Col de la ***	3	1613 m		★	★	★	★	★
Contrebandiers, Col des	2-3	1052 m		★	★	★	★	★
Coq, Col du	2-3	1434 m		★	★	★	★	★
Corbier, Col du ****	2-3	1230 m		★	★	★	★	★
Cou, Col de	2	1122 m		★	★	★	★	★
Couz, Col de	1	626 m		★	★	★	★	★
Croisette, Col de la **	2-3	1300 m		★	★	★	★	★
Croix de Fer, Col de la ***	2-3	2068 m		★	★	★	★	★
Croix des Adrets, Col de la	2	871 m		★	★	★	★	★
Croix-Fry, Col de la ***	2	1467 m		★	★	★	★	★
Cucheron, Col du, Chartreuse ***	2-3	1140 m		★	★	★	★	★
Egaux, Col des *	2	958 m		★	★	★	★	★
Encrenaz, Col de l' *	2-3	1433 m		★	★	★	★	★
Epine près Marlens, Col de l' ***	2-3	947 m		★	★	★	★	★
Esserieux, Col des **	2	759 m		★	★	★	★	★
Evires, Col d' *	1	810 m		★	★	★	★	★
Feu, Col du ***	2-3	1117 m		★	★	★	★	★
Forclaz de Montmin, Col de la ***	2	1450 m		★	★	★	★	★
Forclaz de Queige, Col de la ****	2	871 m		★	★	★	★	★
Fosse, Pas de la, Chartreuse ***	2	858 m		★	★	★	★	★
Frêne, Col du ***	2-3	950 m		★	★	★	★	★

SAVOYEN HAUTE-SAVOIE

⛰		⏱	🚏	DATUM	🏔 EIGENE WERTUNG				
					1.0	2.0	3.0	4.0	5.0
	Frétallaz, Col de *	1-2	670 m		★	★	★	★	★
	Gets, Col des ***	2	1165 m		★	★	★	★	★
	Glandon, Col du ****	3	1924 m		★	★	★	★	★
🔺	Glières, Col des ***	3	1440 m		★	★	★	★	★
	Grand Cucheron, Col de	2-3	1188 m		★	★	★	★	★
	Grand Taillet, Col du ***	2-3	1035 m		★	★	★	★	★
	Granier, Col du, Chartreuse ****	3	1134 m		★	★	★	★	★
	Guiers Vif, Gorges du **	2	600 m		★	★	★	★	★
	Huez, Alpe d' ***	2	1860 m		★	★	★	★	★
	Isèran, Col de l' ****	2	2770 m		★	★	★	★	★
	Jambaz, Col de ***	2	1027 m		★	★	★	★	★
🔺	Joly, Col du ****	4	1989 m		★	★	★	★	★
	Joux Plane, Col de ****	2-3	1700 m		★	★	★	★	★
	Joux Verte, Col de la ***	2-3	1760 m		★	★	★	★	★
	Lautaret près Laval, Col du	2	984 m		★	★	★	★	★
	Leschaux, Col de ***	2	897 m		★	★	★	★	★
	Lézette, Col de la *****	3	1785 m		★	★	★	★	★
🔺	Lindar, Col du	4	1187 m		★	★	★	★	★
	Ludran, Col de	2	938 m		★	★	★	★	★
	Luitel, Col ****	2-3	1262 m		★	★	★	★	★
	Madeleine, Col de la ***	2-3	1993 m		★	★	★	★	★
🔺	Marais, Col du *	1-2	837 m		★	★	★	★	★
	Marcieu, Col de	2	1065 m		★	★	★	★	★
	Marocaz, Col de ***	3	958 m		★	★	★	★	★
	Méraillet, Col de ***	3	1605 m		★	★	★	★	★
🔺 🚩	Merdassier, Col du	3	1500 m		★	★	★	★	★

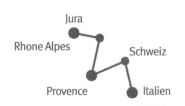

HAUTE-SAVOIE SAVOYEN

		⏱	📍	DATUM	🏁 EIGENE WERTUNG
					1.0 2.0 3.0 4.0 5.0
	Moises, Col des ***	3	1123 m		★★★★★
	Mollard, Col du **	2-3	1638 m		★★★★★
	Mont Cenis, Col du ***	2	2117 m		★★★★★
	Mont, Fort du	2-3	981 m		★★★★★
	Montets, Col des **	2	1461 m		★★★★★
	Montgilbert, Fort de	3	1360 m		★★★★★
	Morgins, Pas de (› Westschweiz) ***	3	1369 m		★★★★★
	Mouilles, Col de	2	1020 m		★★★★★
	Notre-dame-du-Pré ***	2-3	1308 m		★★★★★
	Palaquit, Col de, Chartreuse ***	2	1154 m		★★★★★
	Perret, Col du *	1-2	963 m		★★★★★
	Petit Mont Cenis, Col du *****	3	2182 m		★★★★★
	Petit-Saint-Bernard, Col du ***	2	2190 m		★★★★★
	Pierre Carrée, Col de ***	2-3	1844 m		★★★★★
	Placette, Col de la	1-2	587 m		★★★★★
	Plaine Joux, Col des	2-3	1338 m		★★★★★
	Plainpalais, Col de ***	2	1173 m		★★★★★
	Plan Bois, Col de	3	1294 m		★★★★★
	Planard, Dou de (Sperrung prüfen) ***	3-4	2240 m		★★★★★
	Plane, Col du	2-3	1337 m		★★★★★
	Platte, Fort de la *****	3-4	1960 m		★★★★★
	Porte-en-Chartreuse, Col de ***	2-3	1326 m		★★★★★
	Poutran, Col de *	2	1996 m		★★★★★
	Pradier, Col du	3	1455 m		★★★★★
	Pre Long, Col de ***	3	1194 m		★★★★★
	Pré, Col du ****	2-3	1703 m		★★★★★

SAVOYEN HAUTE-SAVOIE

				DATUM	EIGENE WERTUNG				
					1.0	2.0	3.0	4.0	5.0
	Près, Col des ***	2	1142 m		★	★	★	★	★
	Ramaz, Col de la **	3	1559 m		★	★	★	★	★
	Ran Folly, Col du ***	2-3	1650 m		★	★	★	★	★
⚠ 🚏	Redoute Ruinée, Fort ****	4	2400 m		★	★	★	★	★
	Revollat, Croix de *	2	699 m		★	★	★	★	★
⚠ ⚠	Roc, Pas du (Sperrung prüfen) ***	4	2335 m		★	★	★	★	★
⚠ 🚏	Rochilles, Camp des *****	4	2418 m		★	★	★	★	★
	Roselend, Cormet de ****	2-3	1968 m		★	★	★	★	★
⚠ 🚏	Sabot, Col du ****	3-4	2100 m		★	★	★	★	★
	Saisies, Col des ***	2	1633 m		★	★	★	★	★
	Sarenne, Col de ***	2-3	1999 m		★	★	★	★	★
	Savolière, Col de la	3	1416 m		★	★	★	★	★
	Saxel, Col de	2-3	994 m		★	★	★	★	★
⚠	Sollières, Col de (Sperrung prüfen) **	5	2639 m		★	★	★	★	★
	St-Bruno, Pas de	2	650 m		★	★	★	★	★
	Tamié, Col de **	2-3	907 m		★	★	★	★	★
	Télégraphe, Col du ***	2-3	1566 m		★	★	★	★	★
⚠	Terramont, Col de	2	1096 m		★	★	★	★	★
⚠ 🚏	Truc, Fort du	3	1540 m		★	★	★	★	★
⛔ ⚠ 🚏	Turra, Fort de la (Sperrung prüfen) ****	5	2529 m		★	★	★	★	★
	Vence près Grenoble, Col de, Chartreuse ****	2-3	781 m		★	★	★	★	★
🚏	Voirons, Signal des **	2-3	1480 m		★	★	★	★	★
⛰					★	★	★	★	★
⛰					★	★	★	★	★

ALPES-DE-**HAUTE-PROVENCE**

Rhone Alpes

Savoie

Cote d´Azur   Italien

	▲	🗲	⬤	DATUM	EIGENE WERTUNG
					1.0 2.0 3.0 4.0 5.0
	Abauc, Pas de l' ***	2-3	1330 m		★★★★★
	Aires, Col des ***	1-2	634 m		★★★★★
	Aleyrac, Col d'	2	481 m		★★★★★
	Allos, Col d' ***	3	2240 m		★★★★★
	Araud, Col d' **	2-3	896 m		★★★★★
	Astauds, Col des ***	2-3	473 m		★★★★★
	Aulan, Col d' **	2-3	843 m		★★★★★
	Ayen, Col d' **	2-3	1032 m		★★★★★
	Bachassette, Col de la **	2-3	940 m		★★★★★
	Barles, Clue de	2-3	930 m		★★★★★
⚠🚏	Basse, Colle	3	1471 m		★★★★★
🚏	Baume, Col de la ****	2-3	1068 m		★★★★★
	Blanche, Gorges de la ***	3	700 m		★★★★★
⚠🚏	Blayeul, Sommet du (Sperrung prüfen) ***	4	2180 m		★★★★★
	Bonette, Cime de la ****	3	2802 m		★★★★★
	Bonette, Col de la ****	3	2715 m		★★★★★
	Bonnet, Pas de ****	2-3	886 m		★★★★★
⚠	Boussac, Téte de	3	1154 m		★★★★★
	Boutière, Col de la	2	654 m		★★★★★
	Buire, Col de *	2-3	861 m		★★★★★
	Cabre, Col de **	2-3	1180 m		★★★★★
	Carabes, Col de ****	2	1261 m		★★★★★
	Cayolle, Col de la ****	3	2327 m		★★★★★
	Chamauche, Col de	2-3	1037 m		★★★★★
	Champs, Col des ***	3	2087 m		★★★★★
	Chapelle, Col de la ***	2-3	868 m		★★★★★

ALPES-DE-**HAUTE-PROVENCE**

			⏱	🕆	DATUM	EIGENE WERTUNG
						1.0 2.0 3.0 4.0 5.0
		Charamel, Col de ****	2	1241 m		⭐⭐⭐⭐⭐
🔺 ⛔		Charbonnier, Téte de (Sperrung prüfen) ****	4	1629 m		⭐⭐⭐⭐⭐
		Château, Col du	2	797 m		⭐⭐⭐⭐⭐
🚦		Chaudière, Col de la	2	1047 m		⭐⭐⭐⭐⭐
		Chaumiane, Col de	2	804 m		⭐⭐⭐⭐⭐
		Cheiron, Col de ***	3	887 m		⭐⭐⭐⭐⭐
⛔ 🔺 🚦		Chiran (Sperrung prüfen) *****	4	1905 m		⭐⭐⭐⭐⭐
⛔ 🔺 🔺		Cine, Col de la (Sperrung prüfen) ****	4	1505 m		⭐⭐⭐⭐⭐
		Colle-Saint-Michel, Col de la ***	3	1431 m		⭐⭐⭐⭐⭐
🔺 🔺 🚦		Colombis, Mont *****	4	1733 m		⭐⭐⭐⭐⭐
🔺		Comte, Col du ***	3	1004 m		⭐⭐⭐⭐⭐
		Corobin, Col de ***	2	1230 m		⭐⭐⭐⭐⭐
🔺		Croisette près Salérans, Col de la *	3	940 m		⭐⭐⭐⭐⭐
		Croix de Châteauneuf, Col de la ****	3	1042 m		⭐⭐⭐⭐⭐
🔺		Croix près Mézel, Col de la **	4	874 m		⭐⭐⭐⭐⭐
		Croix près Savournon, Col de la	2	838 m		⭐⭐⭐⭐⭐
🔺		Croix près Thoard, Col de la *****	4	1281 m		⭐⭐⭐⭐⭐
		Croix Rouge, Col de la *	2	513 m		⭐⭐⭐⭐⭐
		Défend, Col du	2-3	1276 m		⭐⭐⭐⭐⭐
		Devès, Col du	2	395 m		⭐⭐⭐⭐⭐
		Echelle, Pas de l' ***	1-2	799 m		⭐⭐⭐⭐⭐
🔺		Escale, Pas d' ***	3	895 m		⭐⭐⭐⭐⭐
		Espinouse, Col de l'	2	838 m		⭐⭐⭐⭐⭐
		Espréaux, Col d' ****	2-3	1142 m		⭐⭐⭐⭐⭐
		Ey, Col d' ***	2	718 m		⭐⭐⭐⭐⭐
🔺		Fam, Col du	3-4	1500 m		⭐⭐⭐⭐⭐

FRANKREICH

ALPES-DE-**HAUTE-PROVENCE**

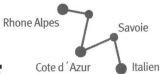

Rhone Alpes
Savoie
Cote d´Azur
Italien

	⛰	🏁	🚩	DATUM	🏍 EIGENE WERTUNG
					1.0 2.0 3.0 4.0 5.0
⚠	Fanget, Col du ***	3	1459 m		★★★★★
	Farnier, Col de *	1	343 m		★★★★★
	Faye, Col de *	1	934 m		★★★★★
	Fays, Col du*	2	1056 m		★★★★★
	Félines, Col de **	2	930 m		★★★★★
	Fillys, Col des **	2	1322 m		★★★★★
	Flachière, Col de la *	1	870 m		★★★★★
	Font-Belle, Col de ****	3	1304 m		★★★★★
	Fontaube, Col de **	3	635 m		★★★★★
	Foureyssasse, Col de *	2	1040 m		★★★★★
	Fraysse, Col du *	2	733 m		★★★★★
	Fromagére, Col de la **	2	1081 m		★★★★★
	Gainons, Col des ***	3	441 m		★★★★★
	Garcinets, Col des **	2	1185 m		★★★★★
⚠ 🚧	Garde Grosse ***	3	944 m		★★★★★
	Gourdon, Col de ***	2-3	953 m		★★★★★
	Grande Limite, Col de la *	2	506 m		★★★★★
	Gréle, Col de *	2	728 m		★★★★★
⚠	Gùèrins, Col des **	3	1312 m		★★★★★
	Guillens, Col des ***	2-3	803 m		★★★★★
	Haute Forest, Col du	2	825 m		★★★★★
	Homme Mort, Col de l' ***	2	1212 m		★★★★★
	Homme près Vesc, Col de l' *	1	616 m		★★★★★
	Hysope, Col d' ****	3	1236 m		★★★★★
	Illoire, Col d' ***	3	964 m		★★★★★
⚠	Iscle, Col de l' **	3	1384 m		★★★★★

ALPES-DE-**HAUTE-PROVENCE**

▲		◠	╤	DATUM	EIGENE WERTUNG				
					1.0	2.0	3.0	4.0	5.0
	Jubeo, Col de **	2	900 m		☆	☆	☆	☆	☆
	Labouret, Col du *	2	1240 m		☆	☆	☆	☆	☆
	Larche, Col de ***	2	1997 m		☆	☆	☆	☆	☆
	Lattes, Col des	2	1174 m		☆	☆	☆	☆	☆
🚇	Laus, Cabane du Lac d´Allos **	3	2135 m		☆	☆	☆	☆	☆
	Laux, Col du *	2	883 m		☆	☆	☆	☆	☆
	Lauzens, Pas de ***	2	416 m		☆	☆	☆	☆	☆
	Laval près Ubraye, Col de ***	2	1100 m		☆	☆	☆	☆	☆
	Lebraut, Col ***	2	1104 m		☆	☆	☆	☆	☆
	Lèques, Col des ***	2-3	1148 m		☆	☆	☆	☆	☆
	Lescou, Col **	2	829 m		☆	☆	☆	☆	☆
	Loge, Col de la *	2	1002 m		☆	☆	☆	☆	☆
	Loup, Pas du ***	2	281 m		☆	☆	☆	☆	☆
	Luens, Col de ***	2	1054 m		☆	☆	☆	☆	☆
🚇	Lure, Signal de *****	3	1826 m		☆	☆	☆	☆	☆
	Macuègne, Col de ***	2	1068 m		☆	☆	☆	☆	☆
⛔ ⚠	Madeleine, Roche (› Sperrung prüfen) ***	5	2370 m		☆	☆	☆	☆	☆
⚠ ⚠ 🚇	Mallemort, Col de ***	5	2558 m		☆	☆	☆	☆	☆
	Maure, Col de *	1	1346 m		☆	☆	☆	☆	☆
	Méouge, Gorges de la ***	3	600 m		☆	☆	☆	☆	☆
	Mévouillon, Col de *	1	889 m		☆	☆	☆	☆	☆
⚠	Michels, Collet des *	1	920 m		☆	☆	☆	☆	☆
	Mont Lucé, Col du **	2	436 m		☆	☆	☆	☆	☆
	Mort d'Imbert, Col de la *	2	601 m		☆	☆	☆	☆	☆
⚠	Moutière, Col de la ***	3	2454 m		☆	☆	☆	☆	☆
	Murs, Col de ***	3	627 m		☆	☆	☆	☆	☆

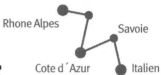

Rhone Alpes · Savoie · Cote d´Azur · Italien

ALPES-DE-**HAUTE-PROVENCE**

				DATUM	EIGENE WERTUNG
					1.0 2.0 3.0 4.0 5.0
	Muse, Col de **	2	932 m		☆☆☆☆☆
	Muze, Col de **	2	1209 m		☆☆☆☆☆
	Négron, Col du **	2	1242 m		☆☆☆☆☆
	Nesque, Gorges de la ***	3	570 m		☆☆☆☆☆
	Notre Dame des Abeilles, Col **	1	996 m		☆☆☆☆☆
	Olivier, Col d' ***	3	711 m		☆☆☆☆☆
	Orme près Châteauredon, Col de l' *	1	742 m		☆☆☆☆☆
	Palluel, Col de *	1	802 m		☆☆☆☆☆
	Pas de la Graille, Col de ****	3	1597 m		☆☆☆☆☆
	Pascalin, Col de *	2	643 m		☆☆☆☆☆
	Pennes, Col de *	2	1040 m		☆☆☆☆☆
	Pertie, Col de la *	2	972 m		☆☆☆☆☆
	Pertuis, Col de *	1	626 m		☆☆☆☆☆
	Perty, Col de ***	2	1302 m		☆☆☆☆☆
	Peyruergue, Col de *	1	794 m		☆☆☆☆☆
	Pierre Basse, Col de **	2	1065 m		☆☆☆☆☆
	Pierre Vesce, Col de **	2	1042 m		☆☆☆☆☆
	Pigière, Col de la	1	968 m		☆☆☆☆☆
	Pignon, Col du *	1	824 m		☆☆☆☆☆
	Plantara, Col de *	2	1002 m		☆☆☆☆☆
⚠ 🕆	Platte, Sommet de la **	4	1280 m		☆☆☆☆☆
⚠	Pontis, Col de ***	3	1301 m		☆☆☆☆☆
	Portail, Col du **	2	805 m		☆☆☆☆☆
⊖ ⚠ ⚠ 🕆	Praloubeau, Montagne de (› Sperrung prüfen) ***	4	1402 m		☆☆☆☆☆
	Pré Guittard, Col de ***	2	914 m		☆☆☆☆☆
⚠	Premol, Col de *	1	964 m		☆☆☆☆☆

ALPES-DE-**HAUTE-PROVENCE**

			🏔	⏱	🪧	DATUM	🗻 EIGENE WERTUNG
							1.0 2.0 3.0 4.0 5.0
		Propiac, Col de *	2	518 m			⭐⭐⭐⭐⭐
		Raspaillon, Col de ***	3	2513 m			⭐⭐⭐⭐⭐
		Restefond, Col de ****	3	2680 m			⭐⭐⭐⭐⭐
		Reychasset-Laux, Col du ***	2	993 m			⭐⭐⭐⭐⭐
		Robines, Col des **	1	988 m			⭐⭐⭐⭐⭐
⚠	🚧	Roche-la-Croix, Fort inférieur de ***	3	1908 m			⭐⭐⭐⭐⭐
⚠	🚧	Roche-la-Croix, Fort supérieur de **	4	2105 m			⭐⭐⭐⭐⭐
		Ronin, Col de *	2	363 m			⭐⭐⭐⭐⭐
		Rossas, Col de la *	1	1115 m			⭐⭐⭐⭐⭐
		Roustans, Col des ****	2	1030 m			⭐⭐⭐⭐⭐
		Rues, Col de	2-3	1142 m			⭐⭐⭐⭐⭐
		Sagnes, Col des	2	1182 m			⭐⭐⭐⭐⭐
⚠	🚧	Sagnes, Lac des ***	3	1910 m			⭐⭐⭐⭐⭐
		Saint-Barnabé, Col de ***	3	1367 m			⭐⭐⭐⭐⭐
		Sarraut, Col de *	1	980 m			⭐⭐⭐⭐⭐
		Saulce, Col de la **	2	877 m			⭐⭐⭐⭐⭐
		Sausse, Col la ***	2	791 m			⭐⭐⭐⭐⭐
		Sentinelle, Col de la **	2	981 m			⭐⭐⭐⭐⭐
⚠		Séoune, Col de **	3	1387 m			⭐⭐⭐⭐⭐
		Serre Colon, Col de **	2	432 m			⭐⭐⭐⭐⭐
		Serre Larobe, Col de *	2	1019 m			⭐⭐⭐⭐⭐
		Soubeyrand, Col de ****	2	994 m			⭐⭐⭐⭐⭐
		St-Jean près Laborel, Col **	3	1158 m			⭐⭐⭐⭐⭐
		St-Jean près Lautaret, Col **	2	1333 m			⭐⭐⭐⭐⭐
⚠		St-Jurs, Col de **	3	1316 m			⭐⭐⭐⭐⭐
⚠	⚠	St-Pierre près Lachau, Col *****	4	1288 m			⭐⭐⭐⭐⭐

FRANKREICH

ALPES-DE-**HAUTE-PROVENCE**

⛰	🏁	📍	DATUM	EIGENE WERTUNG
				1.0 2.0 3.0 4.0 5.0
Tartaiguille, Col de *	2	399 m		★★★★★
Tourettes, Col des ***	3	1126 m		★★★★★
Tourrond, Col du *	2	1048 m		★★★★★
Toutes Aures près Vergons, Col de **	1	1124 m		★★★★★
Trébuchet, Col de ***	3	1143 m		★★★★★
Vache, Col de la ***	2	894 m		★★★★★
Vaillant, Col de *	2-3	330 m		★★★★★
Valouse, Col de *	2	735 m		★★★★★
Vaumale, Cirque de ****	3	1201 m		★★★★★
Veaux, Col de ****	2	386 m		★★★★★
Ventebrun, Col de *	2	638 m		★★★★★
Ventoux, Mont (Sperrung prüfen) ****	2	1909 m		★★★★★
Verdon, Grand Canyon du ****	2-3	800 m		★★★★★
Verniers, Col des ***	2	1042 m		★★★★★
Vesc, Col de *	2	750 m		★★★★★
Vignes, Col des *	2	812 m		★★★★★
Villar, Col du *	1	1039 m		★★★★★
⊘🔺🔺🚷 Viraysse, Tête de (Sperrung prüfen) ****	5	2765 m		★★★★★
Voltigeur, Pas du ***	2	333 m		★★★★★
⛰				★★★★★
⛰				★★★★★

Rhone Alpes — Savoie — Cote d´Azur — Italien

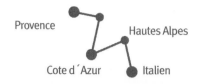

Provence

Hautes Alpes

Cote d´Azur   Italien

SEEALPEN ALPES MARITIMES

			DATUM	EIGENE WERTUNG
				1.0 2.0 3.0 4.0 5.0
Abeille, Col de l' **	3	915 m		⭐⭐⭐⭐⭐
Ablé, Col de l' **	3	1149 m		⭐⭐⭐⭐⭐
Agnelet, Mont ***	4	2201 m		⭐⭐⭐⭐⭐
Alpe, Tête d' **	4	1527 m		⭐⭐⭐⭐⭐
Andrion, Col d' **	4	1681 m		⭐⭐⭐⭐⭐
Anelle, Col d' ****	4	1739 m		⭐⭐⭐⭐⭐
Arme, Col de l' Monte Carlo **	3	823 m		⭐⭐⭐⭐⭐
Arme, Pas de l' *	1	228 m		⭐⭐⭐⭐⭐
Avaye, Col d' *	2-3	765 m		⭐⭐⭐⭐⭐
Babaou, Col du ****	2	415 m		⭐⭐⭐⭐⭐
Banquettes, Col des ****	3	741 m		⭐⭐⭐⭐⭐
Barbonnet, Mont*	2	847 m		⭐⭐⭐⭐⭐
Bas, Col **	2	1194 m		⭐⭐⭐⭐⭐
Bel-Homme, Col du **	2	915 m		⭐⭐⭐⭐⭐
Bigue, Col de la *	1	423 m		⭐⭐⭐⭐⭐
Bleine, Col de **	3	1439 m		⭐⭐⭐⭐⭐
Boaire, Col de la ****	4-5	2102 m		⭐⭐⭐⭐⭐
Bonette, Cime de la ****	3	2802 m		⭐⭐⭐⭐⭐
Bonette, Col de la ****	3	2715 m		⭐⭐⭐⭐⭐
Bougnon, Col de *	1	154 m		⭐⭐⭐⭐⭐
Boulin, Col de ***	2	411 m		⭐⭐⭐⭐⭐
Boussague, Col de *	1	431 m		⭐⭐⭐⭐⭐
Braus, Col de ***	3	1002 m		⭐⭐⭐⭐⭐
Brouis, Col de ***	3	879 m		⭐⭐⭐⭐⭐
Buis, Col de **	3	1196 m		⭐⭐⭐⭐⭐
Cabanette, Baisse de la ****	2	1372 m		⭐⭐⭐⭐⭐

FRANKREICH

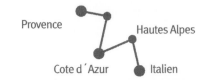

Provence — Hautes Alpes — Cote d´Azur — Italien

	▲	🏁	🪧	DATUM	EIGENE WERTUNG
					1.0 2.0 3.0 4.0 5.0
	Cabris, Croix de **	3	710 m		★★★★★
	Caguo-Ven, Col de **	2	237 m		★★★★★
	Canadel, Col du ***	3	269 m		★★★★★
⛔	Carsene, Colle delle (Sperrung prüfen)**	4	2224 m		★★★★★
	Castellaras, Col de ***	2	1248 m		★★★★★
	Castillon, Col de ***	2	628 m		★★★★★
	Caume, Mont ****	2	801 m		★★★★★
	Cayolle, Col de la ****	3	2327 m		★★★★★
	Cengle, Col du *	1	508 m		★★★★★
⛔	Central, Fort (Sperrung prüfen) ***	4	1925 m		★★★★★
	Châteauneuf de Contes, Col de **	2	627 m		★★★★★
	Cians, Gorges du ****	2	1440 m		★★★★★
	Claps, Col de	2	530 m		★★★★★
	Clavel, Col de **	1	1069 m		★★★★★
	Collardente, Passo di ****	4	1599 m		★★★★★
	Collebasse, Col de ***	2	129 m		★★★★★
	Cornille, Col de **	2	1387 m		★★★★★
	Corps de Garde, Col du ****	2	391 m		★★★★★
	Couelle, Pas de la **	2	500 m		★★★★★
	Couillole, Col de la ***	2	1678 m		★★★★★
	Daluis, Gorges de ****	2	800 m		★★★★★
	Erc, Col d' *	1	505 m		★★★★★
	Escous, Pas de l' ***	3	1008 m		★★★★★
⛔	Espaul, Col d' (Sperrung prüfen) **	3	1748 m		★★★★★
	Espigoulier, Col de l' ****	3	728 m		★★★★★
	Eze, Col d' **	2	512 m		★★★★★

SEEALPEN ALPES MARITIMES

▲			DATUM	EIGENE WERTUNG
				1.0 2.0 3.0 4.0 5.0
⚠ Farguet, Col du *	3	1084 m		★★★★★
Faron, Mont nur von West nach Ost befahrbar *****	3	581 m		★★★★★
Faye, Pas de la *	1	984 m		★★★★★
Ferres, Col des *	1	596 m		★★★★★
Ferrier, Col du ***	2	1039 m		★★★★★
Fourches, Col des **	3	535 m		★★★★★
Galante, Col de *	2	367 m		★★★★★
Grand Sambuc, Col du *	2	580 m		★★★★★
Guerre, Col de *	1	557 m		★★★★★
La Grange, Col de **	2	619 m		★★★★★
⊖ Landon, Col de (Sperrung prüfen) ****	3	380 m		★★★★★
⚠⚠ Lariée, Col de la **	4	1956 m		★★★★★
⊖⚠🚇 Larmelle, Collet de (Sperrung prüfen) **	3	1344 m		★★★★★
Lattes, Col des *	2	1174 m		★★★★★
⚠⊖ Laval près Isola, Col de (Sperrung prüfen) ****	4	2120 m		★★★★★
Lèque, Col de la ***	2	695 m		★★★★★
⚠⊖ Linaire, Col (Sperrung prüfen) ***	4	1432 m		★★★★★
Lombarde, Col de la ****	3	2351 m		★★★★★
Loup, Gorges du ***	2	440 m		★★★★★
Madone de Gorbio, Col de la **	2	927 m		★★★★★
Madone de Thiéry, Col de la *	2	1165 m		★★★★★
Magnan, Pas de *	2	462 m		★★★★★
⚠ Malaberghe, Colle ****	4	2200 m		★★★★★
Malamoullier, Baisse de *	3	663 m		★★★★★
⚠ Marguerie, Fort ***	4	1850 m		★★★★★
⚠⊖ Marth, Fort de (Sperrung prüfen) ****	4	1174 m		★★★★★

FRANKREICH

ALPES **MARITIMES** SEEALPEN

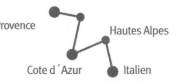

Provence · Hautes Alpes · Cote d´Azur · Italien

			DATUM	EIGENE WERTUNG
				1.0 2.0 3.0 4.0 5.0
Moutière, Col de la **	3	2454 m		★★★★★
Muratone, Passo del ***	4	1161 m		★★★★★
Nice, Col de ***	2	419 m		★★★★★
Orme près Lucéram, Col de l' ***	3	1000 m		★★★★★
Ourne, Baisse d' **	4	2040 m		★★★★★
Paillas, Col de ****	2	248 m		★★★★★
Périer, Col du *****	2	349 m		★★★★★
Perla, Colle di ***	4	2086 m		★★★★★
Perus, Col du ***	3	654 m		★★★★★
Peyrefique, Baisse de *****	4	2028 m		★★★★★
Piaon, Gorges du ***	2	460 m		★★★★★
Pilon, Col du **	2	782 m		★★★★★
Pinpinier, Col de ****	2	1130 m		★★★★★
Porte, Col de la ***	2	1068 m		★★★★★
Portes, Col des *	2	631 m		★★★★★
Quatre Chemins, Col des *	1	327 m		★★★★★
Raspaillon, Col de ***	3	2513 m		★★★★★
Rostan, Col de *	2	617 m		★★★★★
Rourebel, Baisse de *	2	1017 m		★★★★★
Saccarello, Monte ***	4-5	2200 m		★★★★★
Saint-Auban, Clue de ***	3	1040 m		★★★★★
Saint-Martin près Valdeblore, Col **	3	1500 m		★★★★★
Saint-Raphaël, Col de ***	3	875 m		★★★★★
Sainte-Agnès ***	3	605 m		★★★★★
Salèse, Col de (Sperrung prüfen) **	3	2031 m		★★★★★
Sanson, Colla di ***	4	1694 m		★★★★★

SEEALPEN ALPES **MARITIMES**

▲		⏱	🚏	DATUM		EIGENE WERTUNG
						1.0 2.0 3.0 4.0 5.0
	Sausses, Collet des ***	2	629 m			⭐⭐⭐⭐⭐
	Savel, Col de *	2	972 m			⭐⭐⭐⭐⭐
⚠	Segra, Col *	3	840 m			⭐⭐⭐⭐⭐
⚠	Seigneurs, Col des **	3	2111 m			⭐⭐⭐⭐⭐
⚠	Selle Vecchie, Colle delle ****	4	2099 m			⭐⭐⭐⭐⭐
	Serre, Col du ***	2	109 m			⭐⭐⭐⭐⭐
	Sine, Col de la ****	3	1080 m			⭐⭐⭐⭐⭐
	Sinne, Col de la ****	3	1438 m			⭐⭐⭐⭐⭐
	Siron, Col de **	2	965 m			⭐⭐⭐⭐⭐
	St-Andrieu, Col de **	2	512 m			⭐⭐⭐⭐⭐
	St-Arnoux, Col de **	2	653 m			⭐⭐⭐⭐⭐
	St-Jean près Roquebillière, Col **	2	960 m			⭐⭐⭐⭐⭐
	St-Jean près Sospel, Col de *	2	642 m			⭐⭐⭐⭐⭐
	St-Jean-du-Puy, Oratoire **	2	658 m			⭐⭐⭐⭐⭐
⚠	St-Léger, Col *	3	1070 m			⭐⭐⭐⭐⭐
	St-Michel près Toudon, Col *	2	887 m			⭐⭐⭐⭐⭐
	St-Pancrace, Col de ***	2	672 m			⭐⭐⭐⭐⭐
	St-Roch, Col **	2	990 m			⭐⭐⭐⭐⭐
	Ste-Anne, Col de **	2	1551 m			⭐⭐⭐⭐⭐
	Taillude, Col de **	2	411 m			⭐⭐⭐⭐⭐
⚠	Tanarello, Passo di ****	4	2045 m			⭐⭐⭐⭐⭐
	Tenda, Colle di (Sperrung prüfen) ****	4	1870 m			⭐⭐⭐⭐⭐
	Testanier, Col du ****	2	326 m			⭐⭐⭐⭐⭐
⚠ ⛔	Trois Communes, Pointe des (Sperrung prüfen) ***	3	2026 m			⭐⭐⭐⭐⭐
	Turini, Col de ***	3	1607 m			⭐⭐⭐⭐⭐
⚠ 🚇	Utelle, La Madone d' *****	4	1174 m			⭐⭐⭐⭐⭐

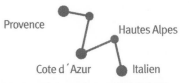

ALPES **MARITIMES** SEEALPEN

Provence — Hautes Alpes — Cote d´Azur — Italien

	▲	🕐	💧	DATUM	EIGENE WERTUNG
					1.0 2.0 3.0 4.0 5.0
	Valberg, Col de ***	2	1669 m		★★★★★
	Valdingarde, Col de (Sperrung prüfen) *****	3	392 m		★★★★★
	Valferrière, Col de ***	2	1169 m		★★★★★
	Vé Gautier, Col de ***	2	1099 m		★★★★★
	Vence près Vence, Col de ***	2	963 m		★★★★★
	Vescavo, Col de ***	3	477 m		★★★★★
⚠ ⛔ 🚧	Vial, Mont (Sperrung prüfen) ***	4	1550 m		★★★★★
	Vignon, Col de ***	3	352 m		★★★★★
▲					★★★★★
▲					★★★★★

Col de la Machine
Vercors
Frankreich
Foto: Edgar Joerg

EIGENE PÄSSE

▲▲		🕐	ͳ	DATUM	🦶 EIGENE WERTUNG

	1.0 2.0 3.0 4.0 5.0
▲▲ _____	★★★★★
▲▲ _____	★★★★★
▲▲ _____	★★★★★
▲▲ _____	★★★★★
▲▲ _____	★★★★★
▲▲ _____	★★★★★
▲▲ _____	★★★★★
▲▲ _____	★★★★★
▲▲ _____	★★★★★
▲▲ _____	★★★★★
▲▲ _____	★★★★★
▲▲ _____	★★★★★
▲▲ _____	★★★★★
▲▲ _____	★★★★★
▲▲ _____	★★★★★
▲▲ _____	★★★★★
▲▲ _____	★★★★★
▲▲ _____	★★★★★
▲▲ _____	★★★★★
▲▲ _____	★★★★★
▲▲ _____	★★★★★
▲▲ _____	★★★★★
▲▲ _____	★★★★★
▲▲ _____	★★★★★
▲▲ _____	★★★★★
▲▲ _____	★★★★★
▲▲ _____	★★★★★

WOCHE 1

1
Datum

Ort | Distanz / Km

2
Datum

Ort | Distanz / Km

3
Datum

Ort | Distanz / Km

4
Datum

Ort | Distanz / Km

5
Datum

Ort | Distanz / Km

6
Datum

Ort | Distanz / Km

7
Datum

Ort | Distanz / Km

TOTAL + | Distanz / Km

(A1) (A2)

WOCHE 2

1
Datum

Ort | Distanz / Km

2
Datum

Ort | Distanz / Km

3
Datum

Ort | Distanz / Km

4
Datum

Ort | Distanz / Km

5
Datum

Ort | Distanz / Km

6
Datum

Ort | Distanz / Km

7
Datum

Ort | Distanz / Km

TOTAL + | Distanz / Km

(B1) (B2)

WOCHENTOUREN

BILANZ

	Distanz / Km		
WOCHE 1	A1		A2
WOCHE 2	B1		B2
+ GESAMT	Distanz / Km		

Gebirgsstraßen und vor allem Schotterpisten stellen hohe Ansprüche an Fahrer und Material. Du solltest genau wissen, was du dir und deinem Fahrzeug zutrauen kannst - und vor allem, was nicht! Begebe dich und andere nicht in Gefahr!

Die Bewertung der Alpenpässe orientiert sich an der bekannten Denzel-Alpenstraßen-Skala. Eigene Erfahrungen, intensive Recherche in Büchern und im Internet flossen bei der Bewertung mit ein und wurden teilweise verändert oder angepasst. Aufgeführt werden Pass- und Bergstraßen, auch alte, geschotterte und schlecht erhaltene Militärstraßen sind darunter. Hier ist fahrerisches Können und eine entsprechende geländetaugliche Maschine erforderlich.

Grundsätzlich können sich in den Bergen jederzeit die Bedingungen ändern. Wetter, Felsstürze, Bauarbeiten können oft zu kurzfristigen Straßensperrungen führen. Fahrverbote auf manchen Pässen sind leider auch immer mehr zu verzeichnen. Informiere dich daher vorher im Internet - denn die Regelungen sind sehr unterschiedlich. Manchmal gilt ein Verbot nur zum Wochenende, oder über den Sommer. Oft kann eine Genehmigung vor Ort eingeholt werden.

Zur Gesamtbeurteilung wurden verschiedene Faktoren wie Streckenverlauf, Belag, Breite, Randsicherung, Steigungen und Gefälle, etc. herangezogen. Die prinzipiell fahrzeugunabhängige Skala umfasst fünf Grundgrade (SG 1 bis SG 5) und vier Zwischengrade. Sie dienen als Anhalts- oder Orientierungspunkte für deine Reiseplanungen.

Überschätze dich und deine Maschine nicht. Begebe dich und andere nicht in Gefahr!

Mautstraße
Die Benutzung kostet Geld. Teilweise kann bei Hin- und Rückfahrt gespart werden. Außerhalb der Öffnungszeiten manchmal kostenfreies Nutzen der Strecke möglich.

Unterschiedliche Fahrverbote
Auf jeden Fall vorher informieren. Hier können teilweise sehr regionale Unterschiede bestehen.

Starke Steigung oder Gefälle
Hierbei handelt es sich um schwierige Steigungen oder Gefälle über 18% - meistens im Schwierigkeitsgrad 4-5 zu finden.

Schotter, unbefestigte Fahrbahn
Hier ist mit schlechtem Fahrbahnbelag zu rechnen. Nur bedingt für Straßenmotorräder geeignet. Meistens im Schwiergkeitsgrad 4-5 zu finden.

Sackgasse
Bei diesem Zeichen keine Weiterfahrt möglich. Gleicher Weg zurück. Oft bei Täler oder Gipfeln der Fall.

Passhöhe
Höhe über Meeresspiegel.

ROADBOOX-WERTUNG

★	Nichts besonderes. Fast schon langweilig.
★★	Ganz nett. Gibt aber besseres.
★★★	Hinfahren lohnt sich. Macht Spaß.
★★★★	Absolut lohnenswert. Klasse. Immer wieder gerne.
★★★★★	Spektakulär und unvergesslich. Ein Muss!

Sehr einfache Strecke
- Sehr leicht zu befahrende Bergstrecke, auch für Anfänger.
- Normale Fahrbahnbreite von mindestens 6 m.
- Guter Asphalt oder Beton mit durchgehend vorhandene Randsicherung.
- Keine engen Kurven, höchstens wenige, breit ausgebaute Kehren.
- Steigungen bis max. 9 %.
- Für alle Motorräder geeignet.

Strecke ohne nennenswerte Anforderungen
- Strecke ohne nennenswerte Anforderungen.
- Zweispurige Fahrbahn, überwiegend gut asphaltiert.
- Randsicherung und Leitplanken weitestgehend vorhanden.
- Verkehrsgerechter Trassenverlauf.
- Ausreichend breite Kehren mit kaum merklicher Steigung in Spitzkehren oder Serpentinen.
- Steigungen bis max. 15 %.
- Für alle Motorräder geeignet

Für Anfänger nicht geeignet
- Strecke erfordert Praxis und sichere Fahrtechnik.
- Überwiegend knapp zweispurig, abschnittsweise einspurig.
- Teilweise oder vollständig fehlender Asphaltbelag, schlechter Zustand.
- Randsicherung fehlt zum größtenteils.
- Viele, stark gekrümmte Kurven, enge Kehren mit stärkerer Steigung.
- Teilweise mehr als 15 % Steigung.
- Meist Verbot für PKW mit Anhänger und LKW über 3,5 t Gesamtgewicht.
- Nur eingeschränkt für Sportmotorräder befahrbar.

Fahrerisches Können über dem Durchschnitt erforderlich
- schwierige Strecke, erfordert herausragendes fahrerisches Können.
- Eng, meist einspurig, wenige Ausweichstellen.
- Schlechter Fahrbahnbelag; z. T. grober Schotter, stark ausgewaschen, Seitenneigungen möglich, ist bei Nässe glitschig (Schlamm, Gras).
- Wenig oder keine Randsicherung (Teilweise Absturzgefahr)
- Sehr enge, nicht ausgebaute Kehren, starke Steigungen über 18% z. T. in Höhen mit dünner Luft (über 2000 m).
- Für Enduros, eingeschränkt noch für Tourenmotorräder mit ausreichender Bodenfreiheit, Stollenprofil empfehlenswert.

Extrem schwierige und gefährliche Strecke! Fahre nie allein!

Tagestouren

	Datum	Tour	Kilometer	Höhenmeter	Gesamtausgaben
1					
2					
3					
4					
5					
6					
7					
8					
9					
10					
11					
12					
13					
14					
Gesamt +			Kilometer	Höhenmeter	Gesamtausgaben

Kundendienst/Service

	Datum	Service	Kilometer	Gesamtausgaben
1				
2				
3				
4				

+	Gesamtausgaben

Reifen

	Datum	Reifen	Kilometer	Gesamtausgaben	Bewertung
					★★★★★ 1.0 2.0 3.0 4.0 5.0
					★★★★★ 1.0 2.0 3.0 4.0 5.0
					★★★★★ 1.0 2.0 3.0 4.0 5.0
					★★★★★ 1.0 2.0 3.0 4.0 5.0
					★★★★★ 1.0 2.0 3.0 4.0 5.0
					★★★★★ 1.0 2.0 3.0 4.0 5.0

+	Gesamtausgaben

Ausrüstung (Bekleidung, Helm, Navigationsgerät usw)

	Datum	Artikel	Gesamtausgaben

JANUAR

1	2	3	4	5	6	7
8	9	10	11	12	13	14
15	16	17	18	19	20	21
22	23	24	25	26	27	28
29	30	31				

FEBRUAR

1	2	3	4	5	6	7
8	9	10	11	12	13	14
15	16	17	18	19	20	21
22	23	24	25	26	27	28
29						

MÄRZ

1	2	3	4	5	6	7
8	9	10	11	12	13	14
15	16	17	18	19	20	21
22	23	24	25	26	27	28
29	30	31				

APRIL

1	2	3	4	5	6	7
8	9	10	11	12	13	14
15	16	17	18	19	20	21
22	23	24	25	26	27	28
29	30					

MAI

1	2	3	4	5	6	7
8	9	10	11	12	13	14
15	16	17	18	19	20	21
22	23	24	25	26	27	28
29	30	31				

JUNI

1	2	3	4	5	6	7
8	9	10	11	12	13	14
15	16	17	18	19	20	21
22	23	24	25	26	27	28
29	30					

JULI

1	2	3	4	5	6	7
8	9	10	11	12	13	14
15	16	17	18	19	20	21
22	23	24	25	26	27	28
29	30	31				

AUGUST

1	2	3	4	5	6	7
8	9	10	11	12	13	14
15	16	17	18	19	20	21
22	23	24	25	26	27	28
29	30	31				

SEPTEMBER

1	2	3	4	5	6	7
8	9	10	11	12	13	14
15	16	17	18	19	20	21
22	23	24	25	26	27	28
29	30					

OKTOBER

1	2	3	4	5	6	7
8	9	10	11	12	13	14
15	16	17	18	19	20	21
22	23	24	25	26	27	28
29	30	31				

NOVEMBER

1	2	3	4	5	6	7
8	9	10	11	12	13	14
15	16	17	18	19	20	21
22	23	24	25	26	27	28
29	30					

DEZEMBER

1	2	3	4	5	6	7
8	9	10	11	12	13	14
15	16	17	18	19	20	21
22	23	24	25	26	27	28
29	30	31				

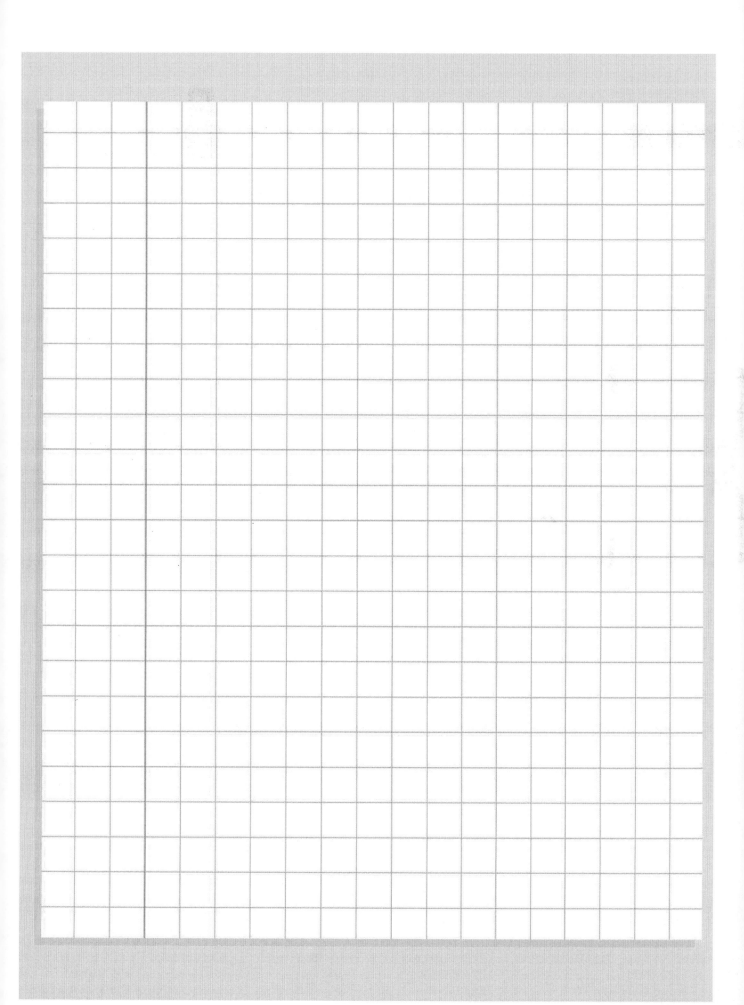

Edgar Joerg wurde in Horb am Neckar geboren und ist in Böblingen zuhause. Der gelernte Werbegestalter unternahm im Alter von 18 selbstständig seine ersten Reisen. Mit dem Fahrrad fuhr er über zahlreiche Alpenpässe, zur Baleareninsel Mallorca oder durch British Columbia nach Alaska. Mit dem Motorrad reiste er oft mit Freunden oder später mit seiner Frau Manuela durch halb Europa, wobei die nördlichen Länder wie Schottland oder Irland schnell zu seinen persönlichen Favoriten wurden.

Alle Reisen - so unterschiedlich sie auch waren - hatten eines gemeinsam: Gute Planung im Vorfeld.
Es fing an mit ein paar handgeschriebenen Zetteln, die sich später zu einem kleinen Heft entwickelten und zusammen mit Landkarten immer ein wichtiger Bestandteil auf allen Reisen wurde.

Im heutigen digitalen Zeitalter wurde die gute alte Landkarte fast völlig verdrängt. Eine Reiseplanung ist ohne Internet, Onlineportale oder Navigationsgeräte kaum noch vorstellbar. Dennoch ist es oft schwierig den Überblick zu behalten. So ist die Idee zu **ROADBOOX** entstanden. Das **ROADBOOX** soll die perfekte Kombination zur digitalen Reiseplanung sein. Es soll helfen, die vielen Informationen, die dabei anfallen, übersichtlich zu bündeln.

Der Autor möchte Individualreisenden ein klassisches Werkzeug zur Verfügung stellen, das sich mit der heutigen modernen Reiseplanung sehr gut kombinieren lässt.

Mit **ROADBOOX** wird jeder Urlaub zu einem unvergesslichen Abenteuer. Es ist Tourenplaner, Tagebuch, Bewertungswerkzeug und Nachschlagewerk in einem. So bleiben wertvolle Erinnerungen erhalten.

IN EIGENER SACHE

Liebe(r) Reisende(r)

Ich hoffe, dass du viel Spaß mit deinem Urlaub, deiner Reise oder deinen Touren hattest. Ich wünsche mir, dass das **ROADBOOX** dir bei allem was du unternommen hast ein wertvoller Helfer war.

Ich würde mich über ein Feedback, Lob und Kritik sehr freuen. Gerne kannst du mir auch deine Wünsche mitteilen.

Hast du ein besonderes Abenteuer erlebt? Dann schicke mir doch deinen Erlebnisbericht mit ein paar Bildern. Die schönsten Reiseberichte werden in einem **ROADBOOX**-Spezial zusammengefasst.

Liebe Grüße Edgar Joerg

kontakt@roadboox.de

ROADBOOX

Weitere Ausgaben im Handel erhältlich

ROADBOOX Motorrad (XXL Edition)

Planen- Erleben-Bewerten-Erinnern

14 Tagestouren, 4 Wochentouren.

*Ausführliche Übersicht der bekanntesten Alpenpässe
für Straße und Enduro - in verschiedenen Schwierigkeitsgraden
Statistik, Bilanzen. Hier steht der Fahrspaß im Vordergrund
und die gefahrenen Pässe können selbstverständlich
persönlich bewertet werden.*

184 Seiten.

Paperback 19,90 €
ISBN: 978-3-347-16598-4

Hardcover 24,90€
ISBN:978-3-347-16599-1

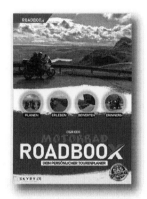

ROADBOOX Travel

Planen- Erleben-Bewerten-Erinnern

4 Wochen-Reiseplaner, 10 Tagestouren

*Für Urlaubstouren jeder Art. Wichtige Informationen Tag für Tag über-
sichtlich zusammengefasst. Bewertungsmöglichkeiten der Unter-
künfte, des jeweiligen Tages uvm. Die Kostenübersicht zeigt die
Gesamtausgaben der Urlaubsreise(n).*

104 Seiten

Paperback 14,90 €
ISBN: 978-3-347-17157-2

Hardcover 19,90€
ISBN: 978-3-347-17158-9

ROADBOOX Fahrrad

Planen- Erleben-Bewerten-Erinnern

Rennrad, Trekking- Tourenrad, E-Bike
Training oder Genussradeln

*Für 100 Tagestouren jeder Art. Als Trainings-oder Tourenhandbuch
geeignet. Aufzeichnung und Bewertung der wichtigsten Daten.
Streckenprofil, Durchschnittsgeschwindigkeit, Höhenmeter,
Kalorienverbrauch und vieles mehr. Die Saisonbilanz verschafft
einen Überblick über die Gesamtleistung.*

216 Seiten

Softcover 19,90 €
ISBN: 978-3-347-17906-6

Hardcover 24,90€
ISBN:978-3-347-17907-3

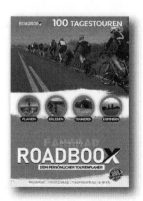

B2P
Back to Paper